alt gerührt ★ Tariks Müsli mit Nüssen ★ Ei im Glas ★ Das beste
Glas ★ Ackergemüse-Antipasti mit Portulak ★ Gemüseblätter
nit Rucola und Birne ★ Gebackener Ziegencamembert mit Möhre
★ Ofenspargel mit Kartoffel-Schnittlauch-Salsa ★ Dunkelbrioche-Burger mit Auberginen ★
ous ★ Schwarzwurzeln im Pergament mit Petersilien-Pesto ★ Gemüsechips in Grün und Rot ★
atar mit eingelegter Roter Bete ★ Kartoffelpizza mit Räucherlachs ★ Lachsforelle im Salz-
ry-Fischfrikadellen mit Joghurtdip ★ Gewürzlachs mit Wildkräutersalat ★ Makrele aus dem
à la Bordelaise ★ Saibling mit Brokkoli ★ Kräuter-Landhuhn mit Vanille-Tomaten-Kompott ★
ohlsalat ★ Marinierte Entenspieße mit Avocadotatar ★ Strammer Max mit geräucherter En-
eck ★ Spicy Beef-Topf ★ Beef auf links mit Kräuter-Spargel-Salat ★ Geschmorte Short Ribs
★ Pastrami vom Reh mit Orangen-Couscous ★ Hirschmedaillons mit Cranberrys und Sellerie
elbeersalat ★ Schokocracker-Türmchen mit Banane ★ Hüttenkäse mit Thymianaprikosen ★
elteig ★ Apfelstrudel mit Zitronenschmand ★ Guten-Morgen-Smoothie ★ Rote-Bete-Drink
las ★ Das beste Eierbrot der Welt ★ French Toast de luxe ★ Gemüsebeet mit Kräuterquark ★
müseblätter mit Büffelmozzarella ★ Rote Bete mit Ziegenkäse ★ Erbsensalat to go ★ Orien-
t mit Möhrensalat ★ Zucchini-Feta-Röllchen auf Pfifferlingsalat ★ Toskanischer Brotsalat mit
brioche-Burger mit Auberginen ★ Gnocchi mit Mangold und Ziegenkäse ★ Geschmorte Möhren
★ Gemüsechips in Grün und Rot ★ Gazpacho mit gefülltem Doradenfilet ★ Ceviche mit Apfel,
nerlachs ★ Lachsforelle im Salzteig ★ In Kokosmilch pochierter Fisch ★ Gebratener Skrei mit
rsalat ★ Makrele aus dem Ofen ★ Knuspergarnelen mit Blumenkohl-Couscous ★ Schollenfi-
Vanille-Tomaten-Kompott ★ Brathähnchen de luxe ★ Nudelschnecke mit Geflügelhackfleisch
mer Max mit geräucherter Entenbrust ★ Lackiertes Schweinekotelett mit Sesammöhren ★
at ★ Geschmorte Short Ribs ★ Rosa gebratene Rinderroulade mit Zitronen-Kapern-Tapenade
ns mit Cranberrys und Sellerie ★ Himbeer-Blitzeis mit Kokosmilch ★ Geeiste Erdbeeren mit
enkäse mit Thymianaprikosen ★ Fliederbeersuppe mit Apfel ★ Melonenbowle mit Basilikum-
rgen-Smoothie ★ Rote-Bete-Drink mit Ingwer ★ „You-make-me-happy"-Drink ★ Matcha
e luxe ★ Gemüsebeet mit Kräuterquark ★ Tatar im Toast ★ Selbst gebeizter Fisch ★ Lachs
mit Ziegenkäse ★ Erbsensalat to go ★ Orientalischer Linsensalat mit Tofu ★ Pastinakensa-
auf Pfifferlingsalat ★ Toskanischer Brotsalat mit Burrata ★ Scharfe Suppe mit Gemüsenu-
cchi mit Mangold und Ziegenkäse ★ Geschmorte Möhren à la Currywurst ★ Paprika mit Feta-
Gazpacho mit gefülltem Doradenfilet ★ Ceviche mit Apfel, Radieschen und Wasabi-Avocado

TARIK ROSE

Tarik kocht dich fit

Mit Fotos von Wolfgang Schardt

Glutenfrei   LC Low Carb   Laktosefrei   Vegan   V Vegetarisch

MOIN, TARIK HIER!

Erst mal ganz großen Dank, dass du dieses Buch gekauft hast oder es dir hast schenken lassen. Halt ich für 'ne gute Wahl. Nicht nur für mich – ich freue mich über jeden, der sich für eine gesunde und trotzdem leckere Ernährung interessiert und begeistern kann –, sondern auch für dich, eben weil die Gerichte, die ich für mein erstes Buch zusammengestellt habe, genau das bieten:

Rezepte, die einem guttun sollen.

Ich halte nicht viel von strengen Ernährungskonzepten, die je nach Lust und Laune oder Wellenbewegung die Gazetten und das Netz rauf- und runtergetrieben werden und auf einmal als das Hippste gelten, was man gerade auf den Tisch bringen kann. Die einem entweder alles vorschreiben oder verbieten, die dogmatisch sind und einem keine Freiheiten lassen oder die aufgrund ihrer eindimensionalen Herangehensweise einfach nicht so schmecken, wie ich mir das vorstelle. Egal, ob Low Carb, Low Fat oder Paleo: Wenn es einem nur noch darum geht, Nahrung zu sich zu nehmen, um Regeln zu befolgen, kann man sich auch gleich an einen Tropf hängen und sich mit dem Nötigsten versorgen lassen. Essen hat meines Erachtens auch eine Menge mit Spaß und Freude zu tun. Ich sehe meine Aufgabe als Koch und Entwickler von stimmigen Gerichten eher darin, dir einen Wegweiser an die Hand zu geben, der es dir ermöglicht, links und rechts vom üblichen Pfad abzubiegen bzw. über den Tellerrand zu gucken, und es dir leicht macht, nach Gefühl zu kochen.

Meine Herangehensweise ist eine pure, direkte Küche, die einem Leitmotiv folgt, das ich „KISS"-Prinzip nennen würde: „Keep it small and simple!" – oder auf gut Deutsch: Mach's schnörkellos! Denn gut, gesund und lecker zu essen, hat nichts damit zu tun, möglichst viele exotische Zutaten unter Zuhilfenahme von seltsamen Zubereitungsmethoden zu komplizierten Gerichten zusammenzubasteln. Denn wie wir uns fühlen, hängt eben auch ursächlich damit zusammen, wie wir essen. Umso cooler eigentlich, dass es möglich ist, seine Ernährung so zu tunen, dass sie ein ganz wichtiger Baustein für dein Wohlbefinden sein kann.

Du kannst dich regelrecht fit kochen.

Wie das geht, dazu gibt es in diesem Buch neben den eigentlichen Rezepten auch eine Menge Infos und Anregungen, die wir „Healthy Hints", also so was wie „Gesundheitshinweise" nennen. Denn damit kannst du meist auch sehr gut andere Gerichte „bearbeiten" und optimieren. So wird sich vielleicht dein Bewusstsein dafür, wie einfach es ist, mit kleinsten Tipps und Tricks gesünder zu kochen, ständig erweitern. Ein paar Beispiele: Du wirst kaum ein Gericht finden, in dem raffinierter weißer Zucker verwendet wird, wirst aber bemerken, wie raffiniert es ist, stattdessen getrocknete, gehackte Früchte als Süßstoff einzusetzen. Auf Weizenmehle verzichte ich weitgehend, weil Dinkel das wertigere Getreide ist. Und: Manche Kombinationen von bestimmten Zutaten wirken wahre Wunder. Ein wenig Petersilie als Salat zu Nudeln gereicht, trägt dazu bei, dass unser Säure-Basen-Haushalt reguliert wird. Und ob du es glaubst oder nicht: Diese Balance ist ein wichtiger Baustein, um sich fit zu fühlen. Viele meiner Zutaten haben eine Funktion und entfalten ihre Wirkung deshalb auch so gut. Vielleicht fragst du dich, wieso ich davon überzeugt bin, dass es immer ein wenig gesünder geht, ohne dass es nervt? Ich will dir anhand meiner Lebensgeschichte erklären, wieso ich aus eigener Erfahrung weiß, dass das ein sinnvoller Weg ist.

Ich bin Tarik Rose, alles andere als ein Kunstprodukt.

Womöglich bin ich dir schon das ein oder andere Mal beim Fernsehen oder beim Surfen im Internet begegnet: im ARD-Buffet, als „Beef Buddy" im ZDF, bei „Iss besser!" im NDR oder in verschiedenen Formaten bei Privatsendern. Vielleicht bist du aber auch einfach so über meinen Namen gestolpert. Manchmal werde ich gefragt, ob es ein Künstlername ist und wieso denn jemand mit so breiter norddeutscher Aussprache und dem Nachnamen Rose eigentlich Tarik heißt. Die norddeutsche Schnauze ist leicht damit zu erklären, dass ich ein Jung von der Küste bin, waschechter Kieler, wie die Familie meiner Mutter. Meine Mutter und ihr damaliger

Lebensgefährte betrieben ein Restaurant in Kiel. Ich lernte früh, dass es auf gute Lebensmittel ankommt, wenn man leckere Gerichte kochen möchte. Lieber eine Zutat weniger, dafür die verwendeten Zutaten von toller Qualität. Mein Vater, den ich erst sehr spät in meinem Leben, mit 34, kennengelernt habe, stammt aus Libyen und ist damit nicht nur mitverantwortlich für meinen arabischen Vornamen (Tarik ist nicht nur der Morgenstern im Arabischen, es steht auch für „den, der an die Tür klopft"), sondern auf für meine Art, Gewürze und Aromen einzusetzen. Aufgewachsen bin ich bei meiner Mutter und den Großeltern. Und da es diesen familiären gastronomischen Hintergrund gab, besserte ich schon früh mein Taschengeld zunächst als Tellerwäscher und später als Pizzajunge auf. Das war eine ziemlich gute Schule und noch heute denke ich: Man kann so viel falsch machen, wenn es um Pizza geht. Aber halt auch so viel richtig! Und wenn man es richtig macht, gibt es kaum was Simpleres, Günstigeres und auch Leckereres und damit ein paar gute Gründe, dem vorgefertigten Teil aus der Tiefkühltruhe Lebewohl zu sagen. Obwohl ich so viel aushalf, hatte ich eigentlich nie vor, beruflich auch in die Gastronomie zu gehen. Gar nicht. Ich wollte etwas Kaufmännisches erlernen, alle Weichen waren schon gestellt, alles schien klar: Zwei Wochen vor Ausbildungsbeginn schmiss ich dann alles um und bemühte mich um eine Azubistelle als Koch. Bereits kurz darauf war mein erster Lehrtag im Restaurant „Fayence" im „Conti Hansa"-Hotel, dem damals bestimmt besten Restaurant der Landeshauptstadt Kiel. Vom Wasser der Ostsee nur durch einen Park und eine Straße getrennt. Am Hafen, wo die hochhausgroßen Fähren Richtung Oslo und Göteborg ablegen. Die Kreuzfahrer zu ihren Ostseetörns.

Kochen allein reichte mir aber nicht.

Noch während der Ausbildung zum Koch kam ich ebenso von jetzt auf gleich zu einer anderen großen Leidenschaft meines Lebens: Mit ein paar Kollegen wurde ich gebeten, als Trainings-Statist für ein paar Freunde zu dienen, die mit dem American Football angefangen hatten und taktische Formationen einstudieren wollten. Und so stellte ich mich ihnen in den Weg – sehr erfolgreich –, und auch, wenn man es kaum glauben mag, ich war sofort Feuer und Flamme fürs Sich-in-den-Weg-Stellen. Jede freie Minute, die ich nicht mit dem Putzen von Möhren (am Anfang der Ausbildung steht man verdammt wenig am Herd) oder Ähnlichem beschäftigt war, verbrachte ich mit dem großen braunen American-Football-Ei in der Hand. Wir gründeten sogar eine eigene Mannschaft, die Holtenau Condors. Später wechselte ich zu den Baltic Hurricanes Kiel – zunächst zweite Liga, dann erste Bundesliga. Das, was mich am American Football so elektrisiert hat, hilft mir noch heute in der Küche: In den kurzen Ruhephasen, in denen du mit deinen Kumpels den nächsten Angriff durchsprichst, sammelst du die Kraft und die Gedanken, um im nächsten Spielzug von null auf hundert alles zu geben.

Bis zur totalen Erschöpfung.

Leider musst du für diesen Sport ein wenig aussehen wie eine Schrankwand. Die Essgewohnheiten von meinen Mannschaftskollegen und mir waren dementsprechend unserem Hobby angepasst. Wer als Erster in der „Bergklause" die Schlachtplatte mit dem schönen Namen „Scheiterhaufen" beim Wettessen weggeputzt hatte, war der König. Über zehn Jahre habe ich diesen intensiv-verrückten Sport ausgeübt. Während meiner Footballerkarriere habe ich nach meinen Jahren im „Fayette" an verschiedenen Stationen in Schleswig-Holstein Halt gemacht, unter anderem in einem Landgasthof vor den Toren Kiels. Das war beruflich ein großer Schritt: Die Küchenmannschaft und die Inhaber waren unfassbar engagiert, was dann auch dazu führte, dass eben dieser Landgasthof im bis dato von überdurchschnittlich guter Gastronomie recht unterrepräsentierten Bundesland Schleswig-Holstein ins obere Blickfeld des renommierten Restaurantführers Gault Millau rückte. Und das trotz des Spagats zwischen ländlicher und gehobener Küche – und auch, obwohl einer der Köche nebenbei noch eine Menge Zeit auf den American-Football-Feldern der Republik verbrachte und dort unglaublich viel fürs Leben lernte.

Irgendwann wusste der Junge von der Küste, dass er den nächsten Schritt machen muss.

Das hatte auch mit vielen Gedanken zu tun, die mich damals umtrieben. Ich hatte das Gefühl, dass es manchen in meiner Branche nicht mehr um Gastfreundschaft oder Liebe zum Essen ging, sondern nur ums Prestige. Kochen ist aber so viel mehr: Es ist etwas so Sinnliches und Lustvolles. Es gibt uns mehr als nur einen vollen Magen. Denkt nur mal dran, was Kochen beim ersten Date bewirken kann: wahre Wunder. Denn Kochen und gemeinsames Essen verbindet die Menschen, weshalb ich nur raten kann: Kocht mehr miteinander. Von all diesen Gedanken umgetrieben, wollte ich der Gastronomie eigentlich sogar Lebewohl sagen. Das war 2004. Doch dann kam das Angebot, in Hamburg, dem großen Tor zur Welt, bei Christian Rach im „Engel", einem Restaurant direkt an der Elbe, zur Probe zu arbeiten. Hamburg? Elbe? Das hörte sich zu verführerisch an, als dass ich es hätte ablehnen können. Das „Engel" entpuppte sich als eine liebenswerte Bretterbude mit Glasfront, schwimmend auf einem Ponton, direkt auf der Elbe. Fast wie im „Conti Hansa" in Kiel. Nur, dass es direkt auf dem Wasser war, die Pötte noch größer und näher an einem vorbeischipperten und man sofort dachte: „Mehr Hamburg geht nicht!" Ich war sofort Feuer und Flamme, jegliche Zweifel an meiner Berufung waren wie weggewischt. Nach dem Probekochen kam, schneller als mir eigentlich lieb war, die Frage von Christian Rach, ob ich mir nicht vorstellen könne, sogar Küchenchef im „Engel" zu werden. Meine Herren, unfassbar! Ich, der kleiderschrankgroße Footballer, sollte Küchenchef in einem Restaurant werden, das eine so überragend schöne Lage hat, dass es einem schon mal die Sprache verschlagen kann. Selbstverständlich schlug ich zu.

Trotz meines Titels musste ich noch viel lernen. Zu wissen, dass Chefkochjahre Lehrjahre sind, hat meinem Stil zu kochen gutgetan. Nach einem zaghaften, aber gescheiterten Versuch, bei einem Hamburger Footballteam Fuß zu fassen, beschloss ich, mich einer anderen Sportart zu widmen: Triathlon. Olympische Distanz. Ironman-Halbdistanz. Marathon. Das geht mit der Statur einer Schrankwand nur so lala. Also kümmerte ich mich ein wenig mehr darum, dass mir das, was ich essen wollte, schmecken musste, obwohl es gesund war. Dass es mich fitter machte. Aber nicht krampfhaft dogmatisch, das hatten wir ja schon. Ich bin der festen Überzeugung, dass man, wenn man sich den Großteil der Woche gut ernährt, auch mal ein, zwei Tage essen darf, was man will, ohne darauf zu achten, dass man vielleicht gerade sündigt. Schon damals der Grundstein für das Buch, das du jetzt in den Händen hältst.

Mir hat es gutgetan. Körperlich. Persönlich. Beruflich.

Wieso auch beruflich? Kann ich dir erklären. Als Christian Rach das „Engel" 2007 verließ, kam der Besitzer des Restaurants auf mich zu. Keine vier Jahre war ich damals Küchenchef gewesen. Die Sonne spiegelte sich auf der Elbe, ein unwirklich helles Szenario für eine warmherzige Situation: „Tarik, wie sieht's denn aus? Willst du nicht unseren ‚Engel' als Geschäftsführer übernehmen?" Da kann man schon mal baff sein. Ich hatte gerade zuvor das ganz tolle Angebot auf den Tisch bekommen, einen Laden mit ziemlich viel Potenzial in der Nähe von Kiel zu übernehmen. Und nun so was. Kann man da Nein sagen? Will man nicht! Ein Traum.

2016 schließlich habe ich das Restaurant „Engel" sogar ganz übernommen. Seitdem schippert mein festgetauter, gläserner „Engel" in Hamburg-Teufelsbrück auf den Elbwellen – wenn große Pötte kommen, Kreuzfahrer, Öltanker oder Containerriesen mal mehr, bei Sportbooten und Seglern mal weniger stark. Und ich darf der Käpt'n sein. Direkt an unserer Eingangstür legen die Fährschiffe der HADAG an und ab. Kommen mit Touristen von Richtung Elbphilharmonie und Landungsbrücken oder bringen Pendler auf kürzestem Wege direkt über die Elbe nach Finkenwerder, wo bei Airbus die größten Passagierjets der Welt die Montagehallen verlassen. Hier koche ich mit meinem Küchenchef Kabs (Nkarang Sanyang) an der Seite in französisch angehauchtem Stil. Aber keine Angst, das Ganze in einer schaukelnden Bretterbude. Also nicht überkandidelt. Auch ein Stück Kuchen mit 'nem Pott heißen Kaffee oder ein Fischbrötchen auf die Hand bekommst du von den „Engeln" auf der Teufelsbrücke. Und all das, was ich als Lebens- und Berufserfahrung bislang mitnehmen durfte: die Zeit als Spüler bei meiner Mutter, die Gene meines Vaters, die Leidenschaft eines Christian Rach, jeden Triathlon, bei dem ich ausgepowert am Ziel angekommen bin, und auch jeden genialen Spielzug, der in meinem Leben zu einem Touchdown geführt hat. Das Mich-in-Form-Bringen nach der Zeit als Footballer und die Erkenntnis, dass es nicht allzu kompliziert ist, Gerichte zu kreieren, die einem helfen, sich etwas gesünder zu ernähren, ohne dass sie deshalb weniger lecker sind. All das habe ich versucht, in dieses Buch einzubringen. Ich hoffe, es gefällt – und schmeckt – dir. Versuchen wir's! Los geht's!

Ahoi, dein Tarik

physioloop

WECKERKLINGELN – KRAFTFUTTER FÜR DEN TAG

Es kommt nicht von ungefähr, dass ein jahrhundertealtes Sprichwort behauptet, dass **Morgenstund Gold im Mund** hätte. Gerade hat eine Studie des Universitätsklinikums Schleswig-Holstein in Lübeck für weltweite Berichterstattung gesorgt. Diese beschäftigt sich mit der Auswirkung von Essen auf unser Sozialverhalten. Die Zusammensetzung speziell des Frühstücks stellt im Gehirn einige Weichen für den Tag. **Ausgewogenes Frühstück hilft somit nicht nur dem Körper, sondern auch dem Geist.** Das Großartige ist: So ein Frühstück auf den Tisch zu bekommen, ist kein Hexenwerk, und das meiste nimmt viel weniger Zeit in Anspruch, als du denkst. Positiver Nebeneffekt: **Beim Smoothie oder Müsli aus eigener Herstellung weißt du nicht nur ganz genau, was drin ist,** sondern auch, dass es deinen Geldbeutel entlastet. Und am Wochenende, wenn ein wenig mehr Zeit ist und du vielleicht mal auf „dicke Hose“ machen willst, empfehle ich dir, mal den Ofen anzuschmeißen und ein Ei im Glas darin zu machen.

GUTEN-MORGEN-SMOOTHIE

Pro Portion ca. 220 kcal, 7 g EW, 11 g F, 21 g KH, 6 g BST

Warum am frühen Morgen die Dinge komplizierter machen, als sie sind? Dieser grüne Smoothie bringt viel gesunde Power für den Start in den Tag!

REICHT FÜR 4 | ZUBEREITUNG: 10 MIN.

250 g Feldsalat
250 g Spinat
½ Salatgurke
★ 2 grüne Äpfel
1 Banane
½ TL geriebener Ingwer
200 ml Apfelsaft
4 EL geschälte Mandeln
1 TL Leinöl
1 EL Olivenöl
Saft von 1 Zitrone
Salz (nach Belieben)

Feldsalat und Spinat verlesen, waschen und in einem Sieb gut abtropfen lassen. Die Gurke schälen, längs halbieren und die Kerne mit einem Löffel herauskratzen. Die beiden Gurkenhälften in kleine Stücke schneiden. Die Äpfel waschen, vierteln, nach Belieben entkernen (siehe Healthy Hint) und ebenfalls klein schneiden. Die Banane schälen und in Stücke brechen.

Gemüse und Obst mit den restlichen Zutaten in einem leistungsstarken Standmixer bei mittlerer bis hoher Geschwindigkeit 3–4 Minuten fein pürieren. Nach Belieben mit 1 Prise Salz würzen. Den Smoothie in Gläser füllen und sofort servieren.

Variation: Die Banane macht den Drink etwas sämiger, nach Belieben kann man sie auch weglassen. Zu Feldsalat oder Spinat ist Grünkohl eine tolle Alternative. Sauerampfer sorgt zusätzlich für eine frische Note.

Tipp: Mit diesem Smoothie tust du dir viel Gutes. Feldsalat, Mandeln und Zitronen sind basisch und helfen, den Körper auf gesunde Art zu entgiften. Ingwer ist ein echter Allrounder: Er kurbelt den Stoffwechsel an, wirkt gegen Übelkeit und lindert Gelenkschmerzen.

★ Healthy Hint ★
Wer Äpfel mitsamt Kernen und Schale presst oder verarbeitet, nimmt mehr Pektin zu sich. Pektin hilft dem Körper beim Entgiften und beim Ausscheiden von unerwünschten Stoffen.

ROTE-BETE-DRINK MIT INGWER

Pro Portion ca. 110 kcal, 1 g EW, 1 g F, 22 g KH, 2 g BST

REICHT FÜR 4 | ZUBEREITUNG: 10 MIN.

½ Vanilleschote
2–3 Äpfel
★ 400 ml gekühlter Rote-Bete-Saft
½ TL geriebener Ingwer
2 TL Honig
12 Basilikumblätter
1–2 TL Leinöl

Die Vanilleschote mit einem scharfen Messer längs einschneiden und das Mark herauskratzen. Die Äpfel schälen, vierteln, entkernen und mit dem Vanillemark und den restlichen Zutaten im Standmixer auf hoher Stufe 3–4 Minuten mixen. Den Drink auf vier Gläser verteilen und servieren.

★ Healthy Hint ★
Da Rote Bete die Sauerstoffaufnahme verbessert, ist dieser Drink super für Ausdauersportler.

„YOU MAKE ME HAPPY"-DRINK

Pro Portion ca. 180 kcal, 6 g EW, 9 g F, 16 g KH, 3 g BST

REICHT FÜR 4 | ZUBEREITUNG: 10 MIN.

2 Bananen
400 ml eiskalte Milch (1,5 % Fett)
4 EL Kakaopulver (entölt und ungesüßt)
1–2 TL Leinöl
3 EL Walnusskerne

Die Bananen schälen, in Stücke brechen und mit den restlichen Zutaten im Standmixer auf höchster Stufe 2–3 Minuten pürieren. Den Drink auf vier Gläser verteilen und sofort servieren.

Tipp: Dieser Drink enthält viel L-Tryptophan, das im menschlichen Körper zu Serotonin umgewandelt wird. Serotonin hellt die Stimmung auf, der Drink macht also glücklich.

MATCHA KALT GERÜHRT

Pro Portion ca. 90 kcal, 1 g EW, 0 g F, 21 g KH, 0 g BST

Das japanische Matchateepulver ist ein gesunder Kraftspender am Morgen. Und wer abends Freunde mit einem exotischen „Power"-Drink überraschen möchte, pimpt das Ganze einfach mit 2 cl Gin zum Aperitif.

REICHT FÜR 4 | ZUBEREITUNG: 10 MIN.

- 2 Stiele Minze
- 2 Msp. geriebener Ingwer
- 600 ml Apfelsaft
- ca. 1½ g Matchateepulver ★
- abgeriebene Schale und Saft von 2 Bio-Limetten
- Eiswürfel (nach Belieben)

Die Minze waschen, trocken schütteln und die Blätter abzupfen. Den Ingwer mit Apfelsaft, Teepulver, der Hälfte der Limettenschale und dem Limettensaft in einem Cocktailshaker etwa 2 Minuten kräftig schütteln.

Vier Longdrinkgläser nach Belieben mit Eiswürfeln und einigen Minzeblättern füllen. Den Shake aufgießen und mit der restlichen Limettenschale garniert servieren.

Tipps: Die Minzeblätter entfalten ihren Geschmack noch besser, wenn sie vor dem Weiterverarbeiten etwas zwischen den Fingern gerieben werden.
Apfelsaft schmeckt am besten frisch aus dem Entsafter.

★ Healthy Hint ★

Matcha heißt auf japanisch „gemahlener Tee". Seine grüne Farbe verdankt der zu feinstem Pulver gemahlene Tee dem Chlorophyll der Blätter. Die enthaltenen sekundären Pflanzenstoffe und Antioxidantien machen Matcha zum Superfood: Sie fangen freie Radikale und schützen unsere Zellen. Und da Grüntee die Fettverbrennung anregt, hilft er indirekt sogar beim Abnehmen.

TARIKS MÜSLI MIT NÜSSEN

Pro Portion ca. 460 kcal, 11 g EW, 29 g F, 35 g KH, 8 g BST

REICHT FÜR 4 | ZUBEREITUNG: 10 MIN. + 20 MIN. BACKEN

Für das Müsli:
50 g Haferflocken
25 g Dinkelkleie
50 g gepuffte Hirse
2 EL Cashewkerne
2 EL Walnusskerne
2 EL Haselnusskerne
1 TL Sesamsamen
1 EL Honig
4 TL Leinsamen

Für den Joghurt:
400 g griech. Naturjoghurt (10 % Fett)
2 TL Kokosblütensirup
Mark von ½ Vanilleschote
2–3 EL Leinöl ★
2 Stiele Minze
3–4 EL ungeschwefelte getrocknete Aprikosen

Den Backofen auf 160 °C Umluft vorheizen. Für das Müsli alle Zutaten (bis auf die Leinsamen) miteinander mischen. Die Mischung auf einem mit Backpapier belegten Blech verteilen und im vorgeheizten Ofen auf der mittleren Schiene etwa 20 Minuten rösten. Herausnehmen und abkühlen lassen.

Für den Joghurt in der Zwischenzeit Joghurt, Kokosblütensirup, Vanillemark und Leinöl gut verrühren und kühl stellen. Die Minze waschen, trocken schütteln und die Blätter abzupfen.

Die Aprikosen in Streifen schneiden. Das Müsli auf Schälchen verteilen, den Joghurt daraufgeben und die Aprikosen darauf verteilen. Das Müsli mit Leinsamen bestreuen und mit Minzeblättern garnieren.

Tipp: Man kann die Müslimischung gut auf Vorrat herstellen und in einem Weckglas luftdicht verschlossen aufbewahren. Besonders dekorativ wirkt es, wenn das Müsli schichtweise mit Joghurt und Aprikosenstreifen in Gläsern angerichtet wird.

★ Healthy Hint ★

Leinöl ist ein wahres Kraftpaket, was gesunde Omega-3-Fettsäuren angeht! Diese essenziellen Fettsäuren schützen das Herz und die Augen, beugen Demenz und Thrombose vor und lindern Entzündungen im Körper. Da wir mit der täglichen Nahrung häufig zu wenig davon aufnehmen, mischen wir hier einfach etwas Leinöl unter den Joghurt. Wichtig ist, dass das Öl wirklich kalt und unter Ausschluss von Licht und Luft gepresst wurde. Dann bleiben die empfindlichen gesunden Inhaltsstoffe weitgehend erhalten und das Öl schmeckt auch deutlich besser (siehe auch S. 126).

V

EI IM GLAS MIT SCHNITTLAUCH UND PARMESAN

Pro Portion ca. 110 kcal, 8 g EW, 9 g F, 35 g KH, 8 g BST

Das ist der perfekte Hingucker fürs Sonntagsfrühstück und ein toller Ersatz für ein schnödes gekochtes Ei. Egal, in welcher Form: Eier liefern als Teil eines gesunden Frühstücks wichtige Protein-Power für den Tag.

REICHT FÜR 4 | ZUBEREITUNG: 5 MIN. + 15 MIN. GAREN

1 EL kalte Butter
★ 4 Eier
Meersalz
¼ Bund Schnittlauch
Pfeffer aus der Mühle
4 TL Parmesanspäne zum Bestreuen

Außerdem:
4 hitzebeständige Gläser (à 80 ml)
hitzebeständige Frischhaltefolie

Den Backofen auf 80 °C Umluft (100 °C Ober-/Unterhitze) vorheizen. Die Gläser mit der Butter gründlich ausstreichen. Die Eier aufschlagen und aus der Schale vorsichtig in die Gläser gleiten lassen, dabei darf das Eigelb nicht verletzt werden. Mit Meersalz würzen.

Die Gläser mit Frischhaltefolie abdecken und im vorgeheizten Ofen auf der mittleren Schiene 15 Minuten (siehe Tipp) garen. Inzwischen den Schnittlauch waschen, trocken schütteln und in Röllchen schneiden.

Die Eier im Glas mit Pfeffer würzen, mit Schnittlauch bestreuen und mit Parmesanspänen garniert servieren.

Tipp: Man kann die Eier statt im Backofen natürlich auch im Wasserbad garen. Dafür einen niedrigen Topf mit so viel Wasser füllen, dass die Gläser höchstens zu zwei Dritteln bedeckt sind. Das Wasserbad erhitzen, die Gläser hineinstellen und die Eier etwa 7 Minuten garen.

★ Healthy Hint ★

Eier sind für Sportler eine gute Energiequelle. Was viele nicht wissen: Neben Eiweiß stecken in ihnen auch Vitamin D und B_{12} sowie Eisen und Selen. Wer mehr Eier in seinen Speiseplan aufnimmt und gleichzeitig auf Junkfood und zuckerhaltige Lebensmittel verzichtet, kann so seine Fettverbrennung ankurbeln.

LC V

Good Morning,
Sunday

DAS BESTE EIERBROT DER WELT

Pro Portion ca. 330 kcal, 13 g EW, 18 g F, 26 g KH, 6 g BST

Die Sauce gribiche mit ihrem pikant-würzigen, leicht säuerlichen Geschmack macht dieses Eierbrot zu etwas Besonderem. Wie gut, dass sie den Weg aus der traditionellen französischen Küche bis zu mir in den Norden gefunden hat.

REICHT FÜR 4 | ZUBEREITUNG: 20 MIN.

Für die Sauce gribiche:
4 hart gekochte Eier
1 TL Apfelessig
1 EL Gemüsebrühe
2 TL grober Senf
1 TL Tomatenmark
Meersalz
2 TL Apfelsüße
3 EL Olivenöl
1 Schalotte
1 EL Kapern (in Lake)
2 Sardellen (in Öl)
2–3 Stängel Petersilie
2 Cornichons
Pfeffer aus der Mühle

Für das Brot:
¼ Bund Petersilie
4 große Strauchtomaten
4 Scheiben Vollkornbrot
Olivenöl zum Beträufeln

Für die Sauce gribiche die Eier pellen, halbieren und die Eigelbe herauslösen. Die Eigelbe im Mörser mit Essig, Gemüsebrühe, Senf, Tomatenmark, 1 Prise Meersalz und Apfelsüße fein mörsern. In eine Schüssel umfüllen, das Olivenöl langsam einlaufen lassen und alles verrühren, bis eine glatte Emulsion entsteht.

Die Schalotte schälen und in sehr feine Würfel schneiden. Kapern und Sardellen auf Küchenpapier abtropfen lassen und fein hacken. Die Petersilie waschen und trocken schütteln, die Blätter abzupfen und ebenfalls fein hacken. Cornichons und Eiweiße sehr fein würfeln und mit Schalotte, Kapern, Sardellen und Petersilie unter die Eigelbmasse mischen. Die Sauce gribiche mit Meersalz und Pfeffer abschmecken.

Für das Brot die Petersilie waschen und trocken schütteln, die Blätter abzupfen und fein hacken. Die Tomaten waschen und in dünne Scheiben schneiden, dabei den Stielansatz entfernen. Die Brote mit der Sauce gribiche bestreichen und mit den Tomatenscheiben belegen. Mit Meersalz und Pfeffer würzen und mit Olivenöl beträufeln. Die belegten Eierbrote mit Petersilie bestreuen.

FRENCH TOAST DE LUXE

Pro Portion ca. 510 kcal, 20 g EW, 35 g F, 27 g KH, 7 g BST

REICHT FÜR 4 | ZUBEREITUNG: 20 MIN. + 10 MIN. GAREN

75 g Parmesan
7 EL saure Sahne oder griech. Joghurt (10 % Fett)
3 Eier | Salz
4 daumendicke Scheiben feines Dinkelbrot
2 EL Olivenöl
★ 2 Avocados
2 Feigen
2 Spritzer Zitronensaft
Pfeffer aus der Mühle
bestes Olivenöl zum Beträufeln
fein gehacktes Koriandergrün zum Bestreuen

Den Parmesan fein reiben. 1 EL Parmesan beiseitestellen, den Rest mit saurer Sahne oder Joghurt, Eiern und 1 Prise Salz in einem hohen Rührbecher mit dem Stabmixer oder im Standmixer verrühren. Die Masse in eine flache Auflaufform oder einen tiefen Teller gießen.

Die Brotscheiben nacheinander in der Parmesan-Ei-Mischung wenden, dabei die Scheiben auf jeder Seite kurz darin ruhen lassen, damit die Mischung einziehen kann.

Etwas Olivenöl in einer oder zwei beschichteten Pfannen erhitzen und die Brote darin bei mittlerer Hitze langsam braten (siehe Tipps). Nach 2–3 Minuten die Scheiben vorsichtig vom Pfannenboden losrütteln und auf derselben Seite weitere 1–2 Minuten braten. Wenn die Unterseite schön goldbraun ist, die Scheiben wenden und die Brote auf der zweiten Seite ebenfalls langsam braten.

Inzwischen die Avocados halbieren und den Stein entfernen. Dafür mit einem spitzen Messer in den Kern stechen und durch vorsichtiges Drehen vom Fruchtfleisch lösen. Die Avocadohälften schälen und in Streifen schneiden. Die Feigen waschen und in dünne Spalten schneiden. Avocados und Feigen mit ein paar Spritzern Zitronensaft, 1 Prise Salz und etwas Pfeffer würzen.

Die Brotscheiben auf Teller verteilen, Avocados und Feigen darauf anrichten. Die Brote mit Olivenöl beträufeln und mit dem restlichen Parmesan sowie Koriandergrün bestreut servieren.

Tipps: Während des Bratens die Brotscheiben zunächst nicht bewegen, da sich sonst die Käse-Ei-Schicht vom Brot lösen kann. Statt Avocado und Feige schmeckt auch der Erbsensalat von Seite 42 sehr gut dazu!

★ Healthy Hint ★

Avocados sind sehr fett- und damit kalorienhaltig. Doch keine Sorge, bei drei Vierteln der enthaltenen Kalorien handelt es sich um einfach ungesättigte Fettsäuren. Die sind gut für uns, weil sie unter anderem den Cholesterinspiegel senken. Zudem benötigt unser Körper diese Fette für den Stoffwechsel, und sie halten die Zellmembranen elastisch.

LC V

GEMÜSEBEET MIT KRÄUTERQUARK

Pro Portion ca. 300 kcal, 14 g EW, 20 g F, 13 g KH, 2 g BST

Ohne ein gutes Frühstück gehe ich morgens nicht aus dem Haus. Wenn der Tank leer gefahren ist, geht's mit dem Auto vor einer langen Reise ja auch erst einmal an die Tankstelle ...

REICHT FÜR 4 | ZUBEREITUNG: 20 MIN.

Für den Kräuterquark:
400 g Speisequark (20 % Fett)
1 Spritzer Zitronensaft
2–3 EL Mineralwasser
1 EL Honig
frisch geriebene Muskatnuss
Meersalz | Pfeffer aus der Mühle
50 ml natives Olivenöl extra
2 Schalotten
½ Knoblauchzehe
3–4 EL fein gehackte gemischte Kräuter (z. B. Basilikum, Petersilie, Schnittlauch)

Für das Gemüse:
8 Radieschen
2 Möhren
1 EL Olivenöl
1 TL Honig
Saft von 1 Bio-Zitrone
Salz
Pfeffer aus der Mühle
1 junger Kohlrabi (mit Blättern)
Kresse zum Garnieren

Für den Kräuterquark Quark, Zitronensaft und Mineralwasser glatt rühren. Den Honig dazugeben. Mit Muskatnuss, Meersalz und Pfeffer abschmecken. 2 EL Olivenöl kräftig unterrühren. Schalotten und Knoblauch schälen und fein würfeln. Das restliche Olivenöl in einer kleinen Pfanne erhitzen, Schalotten- und Knoblauchwürfel darin bei mittlerer Hitze andünsten. Abkühlen lassen und unter den Quark mischen. Die Kräuter unterheben und den Quark noch einmal abschmecken.

Für das Gemüse die Radieschen putzen, waschen und die Wurzelenden abschneiden. Das Radieschengrün bis auf 2 cm kappen. Die Möhren putzen, schälen und mit dem Sparschäler in sehr dünne Streifen schneiden. Mit Olivenöl, Honig und etwas Zitronensaft marinieren. Mit Salz und Pfeffer abschmecken. Die Möhrenstreifen nach einigen Minuten mit den Händen vorsichtig durchkneten, dadurch werden sie etwas weicher. Den Kohlrabi putzen, schälen und in feine Stifte schneiden. Einige feine Kohlrabiblätter waschen. Kohlrabistifte und -blätter sowie die Radieschen in der Marinade wenden.

Den Quark nach Belieben in einem großen tiefen Teller oder portionsweise anrichten. Die Kohlrabistifte mit den Blättern mittig daraufsetzen. Die Möhren zu Spiralen aufgedreht auf dem Quark um die Kohlrabistifte herum verteilen. Die Radieschen dazwischen stecken und alles mit Kresse bestreuen.

LC V

TATAR IM TOAST

Pro Portion ca. 340 kcal, 26 g EW, 17 g F, 19 g KH, 2 g BST

Jeder, der etwas auf sich hält, schneidet sein Tatar für dieses Rezept mit dem Messer selbst. Wichtig ist, wirklich frisches Fleisch zu verwenden. Der Gang zum Metzger des Vertrauens lohnt sich hier unbedingt!

REICHT FÜR 4 | ZUBEREITUNG: 15 MIN. + 15 MIN. BRATEN

Für das Tatar:
400 g Rinderfilet (alternativ Rumpsteak)
2 Schalotten
½ Knoblauchzehe
1 EL Kapern (in Lake)
2 Sardellenfilets (in Öl)
1 Gewürzgurke
1 EL edelsüßes Paprikapulver
1–2 EL Senf
2 EL Olivenöl
Zucker
Cayennepfeffer
Meersalz
Pfeffer aus der Mühle

Für den Toast:
1 Zweig Rosmarin
2 EL Olivenöl
1 Knoblauchzehe
8 Scheiben Dinkeltoast
Salz | Pfeffer aus Mühle
Schnittlauchröllchen zum Garnieren

Für das Tatar das Filet von Fell und Sehnen befreien und in sehr feine Würfel schneiden. Schalotten und Knoblauch schälen und fein würfeln. Kapern, Sardellen und Gurke auf Küchenpapier abtropfen lassen. Die Gewürzgurke mit den Kapern und Sardellen fein hacken.

Kapern, Sardellen und Gurke mit Schalotten und Knoblauch in einer Schüssel mischen. Mit Paprikapulver, Senf und Olivenöl mischen und das gehackte Rinderfilet unterheben. Das Tatar mit je 1 Prise Zucker und Cayennepfeffer sowie Meersalz und Pfeffer abschmecken.

Für den Toast den Rosmarin waschen und trocken schütteln. Das Olivenöl in einer Pfanne erhitzen. Den Knoblauch andrücken und mit dem Rosmarin in die Pfanne geben. Die Brotscheiben darin nacheinander bei mittlerer Hitze auf jeder Seite 2–3 Minuten rösten. Herausnehmen und mit Salz und Pfeffer würzen.

Zum Servieren das Tatar auf 4 Scheiben geröstetem Toastbrot anrichten, die restlichen Toastscheiben darauflegen und jedes Sandwich diagonal zu je 2 Dreiecken halbieren. Das Tatar im Toast mit Schnittlauchröllchen garniert servieren.

LC

SELBST GEBEIZTER FISCH MIT ROH MARINIERTEM FENCHEL

Pro Portion ca. 310 kcal, 35 g EW, 15 g F, 7 g KH, 3 g BST

REICHT FÜR 6–8 | ZUBEREITUNG: 30 MIN. + 12 STD. BEIZEN

Für den Fisch:
2–3 Stiele Petersilie
1–2 TL Kardamompulver
abgeriebene Schale von 1 Bio-Zitrone
abgeriebene Schale von 1 Bio-Orange
2 EL schwarze Pfefferkörner
1 TL Koriandersamen
500 g Steinsalz
2 Lachsforellenfilets (ca. 1 kg; mit Haut)

Für den Salat:
3 Fenchelknollen (mit Grün)
Saft von 1½ Bio-Zitronen
abgeriebene Schale und Saft von 1 Bio-Orange
6 EL Olivenöl
Salz
Pfeffer aus der Mühle
100 g Feldsalat

Am Vorabend für den Fisch die Petersilie waschen, trocken schütteln und die Blätter abzupfen. Petersilie, Kardamom, Zitronen- und Orangenschale mischen und fein hacken. Pfefferkörner und Koriandersamen im Mörser leicht andrücken und mit dem Salz und der Petersilienmischung vermengen.

Die Fischfilets waschen, mit Küchenpapier trocken tupfen und auf Gräten prüfen. Vorhandene Gräten herausziehen. Den Fisch mit der Hautseite nach unten in eine große flache Auflaufform legen, mit der Salzmischung bedecken und etwas festdrücken. Die Filets mit Frischhaltefolie abgedeckt im Kühlschrank 12 Stunden – am besten über Nacht – beizen.

Die Fischfilets von der Beize befreien, unter kaltem Wasser abspülen und mit Küchenpapier trocken tupfen.

Für den Salat den Fenchel putzen, waschen, halbieren und den harten Strunk entfernen. Die Fenchelhälften auf dem Gemüsehobel in feine Streifen schneiden. Das Fenchelgrün fein hacken und beiseitelegen. Zitronensaft, Orangenschale und -saft, Olivenöl, Salz und Pfeffer mit den Fenchelstreifen mischen. Alles mit den Händen gut durchkneten, damit der Salat weich wird. Das überschüssige Dressing abgießen, in einen hohen Rührbecher umfüllen und mit dem Stabmixer aufmixen

Den Feldsalat verlesen, gründlich waschen, trocken schleudern und mit dem aufgemixten Dressing marinieren. Die Fischfilets mit einem langen, dünnen, scharfen Messer vom Kopfende beginnend schräg in dünne Scheiben schneiden.

Auf jedem Teller einige gebeizte Fischscheiben dekorativ anrichten. Daneben etwas Fenchelsalat setzen, mit Fenchelgrün bestreuen und alles mit Feldsalat garniert servieren.

Tipp: Dieses Rezept ist perfekt für den Sonntagsbrunch. Und wenn etwas übrig bleibt, startet man einfach etwas exklusiver als gewöhnlich in die neue Woche.

LC

LACHS IM GLAS MIT AVOCADO UND WALNÜSSEN

Pro Portion ca. 440 kcal, 13 g EW, 38 g F, 11 g KH, 7 g BST

REICHT FÜR 4 | ZUBEREITUNG: 25 MIN.

3 Avocados
Saft von 1–2 Zitronen
Salz | Pfeffer aus der Mühle
★ 1 Granatapfel
200 g griech. Joghurt (10 % Fett)
2 EL Olivenöl
8 Scheiben Räucherlachs
½ Bund Rucola
3 EL gehackte Walnusskerne

Die Avocados der Länge nach halbieren, den Kern entfernen, das Fruchtfleisch mit einem Löffel aus der Schale lösen, in einen hohen Rührbecher geben und sofort mit einigen Spritzern Zitronensaft beträufeln (siehe Tipps). 1 Prise Salz und etwas Pfeffer dazugeben, dann alles mit dem Stabmixer so kurz wie möglich cremig pürieren. Wer keinen Stabmixer hat, zerdrückt das Fruchtfleisch mit der Gabel.

Das Avocadomus auf vier Weckgläser (à 200 ml) verteilen. Den Granatapfel öffnen und die Kerne herauslösen (siehe Tipps). Die Granatapfelkerne in den Gläsern auf dem Avocadomus verteilen.

Den Joghurt mit Olivenöl, 1 Spritzer Zitronensaft, 1 Prise Salz und etwas Pfeffer cremig rühren. Den Joghurt ebenfalls in die Gläser füllen, den Lachs darauf verteilen. Den Rucola verlesen, waschen und trocken schleudern. Lange Stiele entfernen und die Blätter grob zerrupfen. Den Rucola ebenfalls in die Gläser geben und mit den Walnusskernen bestreuen.

Bis zum Servieren in den Kühlschrank stellen. Wenn du den Snack mit ins Büro oder zum Picknick nehmen willst, kannst du ihn so 1 Tag lang aufbewahren.

Tipps: Durch den Kontakt mit Luft oxidiert das Fruchtfleisch der Avocado und verfärbt sich unansehnlich braun. Zitronen- oder Limettensaft verhindert diesen Prozess durch seine Säure.
Zum Auslösen von Granatapfelkernen am besten den Blütenansatz der Früchte wie einen Deckel abschneiden. Entlang der Kammern, in denen sich die Kerne befinden, die Schale einschneiden. Den Granatapfel entlang des Schnitts aufbrechen und die Kerne mit einer Gabel oder den Fingern vorsichtig herauspulen.

★ Healthy Hint ★

Granatapfelkerne sorgen in diesem Gericht nicht nur für Frische und den „Knack", sie sind auch richtig gesund. Die kleinen Kerne enthalten ganz viele Vitamine, Mineralien und Ballaststoffe. Sie schützen unsere Zellen, senken den Blutdruck und wirken entzündungshemmend und antibakteriell.

LC

GRÜNFUTTER – VEGETARISCHES FÜR JEDE GELEGENHEIT

Nichts liegt näher als die **Zubereitung von Grünzeug,** wenn es um gesunde Ernährung, Nachhaltigkeit oder Tierschutz geht. Besonders dann, wenn du **regionale, saisonale Produkte** verwendest. Das Problem ist: Viele erinnern sich an ihre Kindheit, in der sie alles Grüne auf dem Teller mit gerümpfter Nase erst mal zur Seite geschoben haben. Ich habe deshalb versucht, das Gemüse und die Salate **mit Gewürzen und Kombinationen** mit anderen Zutaten so zu „boosten", dass der Geschmack dich das Grünfutter **ganz neu erleben** lässt.
Ich bin mir sicher: Wenn du zum Beispiel den Auberginen-Burger oder die Rote Bete mit Ziegenkäse einmal probiert hast, wird es dir viel leichterfallen, öfter auf ehemals lebendige Zutaten wie Fleisch oder Fisch zu verzichten und damit **ganz automatisch mit jedem Essen ein wenig fitter zu werden.**

ACKERGEMÜSE-ANTIPASTI MIT PORTULAK

Pro Portion ca. 200 kcal, 2 g EW, 15 g F, 14 g KH, 7 g BST

REICHT FÜR 4 | ZUBEREITUNG: 35 MIN.

300 g bunte Möhren
★ 200 g Pastinaken
200 g Petersilienwurzeln
1 Knoblauchzehe
4 EL Olivenöl
1 haselnussgroßes Stück Ingwer
2 Zweige Rosmarin
Saft von ½ Zitrone
1–2 TL Ahornsirup
Salz | Pfeffer aus der Mühle
100 g Portulak (alternativ Feldsalat)
4 TL Leinöl

Möhren, Pastinaken und Petersilienwurzeln mit dem Sparschäler schälen und der Länge nach in dünne Streifen schneiden, sodass das Gemüse in der Form an Bandnudeln erinnert. Den Knoblauch schälen und in feine Würfel schneiden.

In einer Pfanne 2 EL Olivenöl erhitzen und die Gemüsenudeln darin mit dem Knoblauch bei mittlerer Hitze kurz andünsten. Den Ingwer schälen und ebenfalls fein würfeln. Den Rosmarin waschen und trocken schütteln, mit dem Ingwer zum Gemüse in die Pfanne geben und kurz mitschwenken. Das Gemüse sollte bissfest bleiben, deshalb nicht zu lange garen.

Das Gemüse mit etwas Zitronensaft, Ahornsirup, Salz und Pfeffer abschmecken. In eine Schüssel füllen, mit dem übrigen Olivenöl marinieren und abkühlen lassen.

Den Portulak waschen und trocken schleudern. Den Saft, der sich beim Abkühlen des Gemüses gebildet hat, abgießen, in ein Schraubglas füllen und aufbewahren.

Das Ackergemüse mit dem Portulak auf Tellern anrichten und mit dem Gemüsesaft sowie etwas Leinöl beträufelt servieren.

Tipp: Dieses Gericht ist super zum Mitnehmen geeignet. Dazu das Gemüse in Weckgläser geben und den Portulak darauf verteilen. Den Gemüsesaft in einem separaten Behältnis mitnehmen und das Gemüse kurz vor dem Verzehr damit übergießen.

★ Healthy Hint ★

Was für ein Glück, dass die Pastinake in der Küche ihr Revival feiert! Als heimisches Superfood liefert sie wichtige Vitamine und Mineralien wie Vitamin C, Kalium und Kalzium. Ihre Ballaststoffe kurbeln den Stoffwechsel und die Fettverbrennung an und machen die Knolle gleichzeitig zum echten Sattmacher, wobei sie leicht verdaulich ist (siehe auch S. 48).

GEMÜSEBLÄTTER MIT BÜFFELMOZZARELLA

Pro Portion ca. 520 kcal, 28 g EW, 36 g F, 17 g KH, 11 g BST

Dieses Gericht ist ein buntes Powerpaket an Vitaminen und Proteinen. Und es rettet in die Herbst- und Wintersaison ein bisschen mediterranes Sonnenfeeling mit hinüber.

REICHT FÜR 4 | ZUBEREITUNG: 35 MIN.

Für das Gemüse:
4 Schalotten
3 Möhren
2 gelbe Möhren
150 g Topinambur
250 g Rosenkohl
1 Bund roter Mangold
2 EL Olivenöl
2 TL Honig
Salz | Pfeffer aus der Mühle

Für den Mozzarella:
½ Knoblauchzehe
4 Kugeln Büffelmozzarella
1–2 EL Olivenöl
Meersalz
1 EL brauner Zucker
1 TL fein gehackte Thymianblättchen
Pfeffer aus der Mühle (nach Belieben)

Für das Gemüse die Schalotten schälen und in feine Würfel schneiden. Beide Möhrensorten und den Topinambur putzen, schälen und auf einem feinen Gemüsehobel in dünne Scheiben schneiden. Den Rosenkohl putzen und die äußeren Blätter entfernen. Die Köpfe waschen, trocknen und die einzelnen Blätter abzupfen. Den Mangold putzen, waschen und die Blätter von den Stielen befreien. Die Blätter in feine Streifen, die Stiele in Rauten schneiden.

Das Olivenöl in einer Pfanne erhitzen und die Schalotten darin bei mittlerer Hitze etwa 4 Minuten glasig andünsten. Das restliche Gemüse dazugeben und nur kurz mitdünsten – es sollte noch bissfest sein. Das Gemüse mit Honig, Salz und Pfeffer abschmecken.

Für den Mozzarella den Knoblauch schälen und fein würfeln. Den Mozzarella mit Küchenpapier trocken tupfen, dann mit Knoblauch, Olivenöl und Meersalz 5 Minuten marinieren. Die Kugeln mit Zucker bestreuen und mit einem Flambierbrenner abflämmen. Anschließend mit Thymian bestreuen und nach Belieben Pfeffer grob darübermahlen.

Zum Servieren das Gemüse auf Teller verteilen und jeweils 1 Mozzarellakugel daraufsetzen.

Tipp: Anstelle von Mangold kann man dieses Gericht auch super mit Spinat, Grünkohl, Kohlrabiblättern, Schwarzkohl, Rote-Bete-Blättern oder Staudensellerie zubereiten.

LC V

ROTE BETE MIT ZIEGENKÄSE UND KARAMELLNÜSSEN

Pro Portion ca. 680 kcal, 17 g EW, 56 g F, 26 g KH, 5 g BST

REICHT FÜR 4 | ZUBEREITUNG: 25 MIN. + 45–60 MIN. GAREN

Für die Roten Beten:
500 g Meersalz
1 Bund Rote Beten (mit Blättern)
5 Knoblauchzehen
ca. 100 ml natives Olivenöl extra
4–5 Schalotten
abgeriebene Schale von ¼ Bio-Orange + etwas mehr zum Bestreuen
1 EL Orangensaft | 1 EL Zitronensaft
Salz | Pfeffer aus der Mühle

Für den Ziegenkäse:
300 g Ziegenfrischkäse | 1 TL Honig
4 EL natives Olivenöl extra
abgeriebene Schale von ½ Bio-Orange
abgeriebene Schale von 1 Bio-Zitrone
2 Spritzer Zitronensaft
Salz | Pfeffer aus der Mühle
4–5 Stiele Estragon

Für die Karamellnüsse:
2 EL Cashewkerne | 2 EL Haselnusskerne
2 EL Walnusskerne
2 TL brauner Zucker
½ TL Currypulver | Salz
1 TL Butter

Den Backofen auf 160 °C Ober-/Unterhitze vorheizen. Das Meersalz auf einem Backblech verteilen. Für die Roten Beten die Knollen vom Grün befreien, ohne die Schale zu verletzen. Knollen und Blätter waschen und trocken tupfen. Die Knollen und 4 angedrückte Knoblauchzehen auf dem Salzbett verteilen, mit 2 EL Olivenöl beträufeln. Mit Alufolie abdecken und im vorgeheizten Ofen auf der mittleren Schiene 45–60 Minuten garen.

Für den Ziegenkäse den Ziegenfrischkäse mit Honig, Olivenöl, Orangen- und Zitronenschale sowie Zitronensaft glatt rühren und mit Salz und Pfeffer abschmecken. Zugedeckt kühl stellen. Den Estragon waschen und trocken schütteln, die Blätter abzupfen und fein hacken. Für die Karamellnüsse alle Nusskerne grob hacken und in einer beschichteten Pfanne ohne Fett leicht anrösten. Den Zucker hineinstreuen und leicht karamellisieren. Die Nüsse mit Currypulver bestäuben, salzen und die Butter in der Pfanne zerlassen. Die Karamellnüsse auf einem Bogen Backpapier abkühlen lassen.

Die Roten Beten aus dem Ofen nehmen, leicht abkühlen lassen, schälen und in etwa 3 mm dünne Scheiben schneiden. Blätter und Stiele klein schneiden. Schalotten und restlichen Knoblauch schälen, in feine Würfel schneiden und in 2 EL Olivenöl in einer Pfanne glasig andünsten. Die Betestiele dazugeben und 3 Minuten mitdünsten. Blätter und Knoblauch dazugeben und darin schwenken, bis das Grün zusammenfällt. Mit dem restlichen Olivenöl, der Orangenschale, dem Orangen- und Zitronensaft sowie Salz und Pfeffer abschmecken.

Je 1 Scheibe Rote Bete auf einen Teller geben. Darauf 1 EL Frischkäse setzen und mit 1 weiteren Betescheibe bedecken. Blätter und Stiele rundherum verteilen, mit Nüssen, Estragon und Orangenschale bestreut servieren.

LC V

Low Carb
de luxe

ERBSENSALAT TO GO

Pro Portion ca. 220 kcal, 11 g EW, 12 g F, 14 g KH, 5 g BST

Beim Anrichten dieses gesunden Powerfoods fürs Büro bitte unbedingt auf die Reihenfolge der Schichten achten und den Inhalt der Gläser wirklich erst kurz vor dem Servieren mischen. Die Erbsen können sich sonst in Verbindung mit dem säurehaltigen Dressing grau verfärben.

REICHT FÜR 4 | ZUBEREITUNG: 25 MIN.

Für den Salat:
100 g Zuckerschoten
250 g frische Erbsen (gepalt)
Salz
3 Stiele Minze
1 große Strauchtomate
1 rote Zwiebel

Für den Hüttenkäse:
150 g Hüttenkäse
2 EL Olivenöl
1 Spritzer Bio-Zitronensaft
Meersalz | Pfeffer aus der Mühle

Für das Dressing:
Saft von 1 Bio-Zitrone
2 EL Olivenöl
1 TL Ahornsirup
Meersalz | Pfeffer aus der Mühle

Für den Salat die Zuckerschoten putzen, waschen und mit den Erbsen in kochendem Salzwasser 2 Minuten blanchieren. Herausheben, sofort kurz in gesalzenem Eiswasser abschrecken, abtropfen und abkühlen lassen.

Die Minze waschen und trocken schütteln, die Blätter abzupfen und fein hacken. Mit Erbsen und Zuckerschoten mischen. Die Tomate waschen, halbieren, entkernen und in feine Würfel schneiden, dabei den Stielansatz entfernen. Die Zwiebel schälen und ebenfalls in feine Würfel schneiden.

Den Hüttenkäse mit Olivenöl und Zitronensaft verrühren. Mit Meersalz und Pfeffer würzen. Für das Dressing Zitronensaft, Olivenöl, Ahornsirup, Salz und Pfeffer in einem sauberen Schraubglas kräftig durchschütteln oder mit dem Stabmixer aufmixen.

Zum Anrichten zuerst die Tomaten- und Zwiebelwürfel auf vier Schraubgläser mit Deckel (à 250 ml) verteilen und mit dem Dressing marinieren. Kurz abwarten, bis das Dressing auf den Glasboden gesunken ist. Nun die Erbsen-Zuckerschoten-Mischung darauf verteilen. Zuletzt den Hüttenkäse hineinfüllen. Das Glas sollte zwar voll sein, aber zwischen den einzelnen Schichten noch Luft haben. Vor dem Verzehr das Glas ein- bis zweimal wenden, damit sich das Dressing gut verteilt.

Tipps: Kochwasser und Eiswasser sollten gesalzen sein, damit die Erbsen nicht auslaugen.
Blanchiertes Gemüse immer nur ganz kurz abschrecken, da es bei zu langem Liegen im Wasser ebenfalls auslaugt und an Geschmack sowie Nährstoffen verliert.

LC V

ORIENTALISCHER LINSENSALAT MIT TOFU

Pro Portion ca. 590 kcal, 37 g EW, 21 g F, 53 g KH, 18 g BST

REICHT FÜR 4 | ZUBEREITUNG: 30 MIN. + 30 MIN. MARINIEREN

Für den Salat:
1–2 Zwiebeln | 4 EL Olivenöl
300 g gemischte Linsen (rote, gelbe und Berglinsen oder nur eine Sorte)
½ TL Baharat (Gewürzmischung; siehe Rezept S. 72) + etwas mehr zum Würzen
½ Bund Petersilie
1 Kohlrabi | 200 g Möhren
½ Lauchstange
Salz | Pfeffer aus der Mühle
Saft von 2 Zitronen
2 EL Honig

Für den Tofu:
3 Stiele Koriandergrün
2 EL glutenfreie Sojasauce (mild gesalzen)
1 EL Honig
1 Msp. fein gehackte Chilischote
400 g Tofu
1 TL Olivenöl
2 TL geröstete Sesamsamen
1 TL geröstetes Sesamöl

Für den Salat die Zwiebeln schälen, fein würfeln und in 1 EL Olivenöl in einem Topf bei mittlerer Hitze 4 Minuten glasig andünsten. Linsen und Baharat dazugeben und kurz mitdünsten. Dann 450 ml Wasser angießen und alles aufkochen. Die Temperatur reduzieren und die Linsen etwa 10 Minuten bissfest garen.

Inzwischen die Petersilie waschen und trocken schütteln. Die Blätter abzupfen, einige davon für die Deko beiseitelegen, den Rest fein hacken. Kohlrabi und Möhren putzen und schälen. Den Lauch putzen und waschen. Kohlrabi, Möhren und Lauch in feine Würfel schneiden.

1 EL Olivenöl in einer Pfanne erhitzen und das Gemüse darin bei mittlerer Hitze 2–3 Minuten bissfest andünsten. Mit 1 Prise Baharat, Salz und Pfeffer würzen. Das Gemüse mit den Linsen und der Petersilie mischen. Zitronensaft, Honig und restliches Olivenöl dazugeben und den Linsensalat noch einmal abschmecken.

Für den Tofu den Koriander waschen und trocken schütteln, die Blätter abzupfen und fein hacken. Die Korianderstiele mit Sojasauce, Honig und Chili in einem Topf bei mittlerer Hitze kurz einkochen lassen, dann die Stiele entfernen. Den Tofu in mundgerechte Würfel schneiden, mit der Sojamarinade übergießen und abgedeckt etwa 30 Minuten marinieren.

Den Tofu aus der Marinade heben und abtropfen lassen. Das Olivenöl in einer Pfanne erhitzen und den Tofu darin bei mittlerer Hitze rundum anbraten. Die Würfel in einer Schüssel mit der übrigen Marinade, Sesamsamen, Sesamöl und Korianderblättern mischen.

Den Linsensalat auf Teller verteilen und den Tofu darauf anrichten. Mit der restlichen Petersilie garnieren.

Tipp: Die Linsen nur in ungesalzenem Wasser garen, sonst werden sie nicht weich.

PASTINAKENSALAT MIT RUCOLA UND BIRNE

Pro Portion ca. 290 kcal, 5 g EW, 12 g F, 37 g KH, 7 g BST

REICHT FÜR 4 | ZUBEREITUNG: 30 MIN. + 15–20 MIN. GAREN

Für den Salat:
1 kg Pastinaken
2 Zweige Rosmarin
2–4 Knoblauchzehen
Salz | 1 Bund Rucola
2 Birnen
einige Spritzer Zitronensaft
1 Zwiebel
¼ Bund Petersilie
2 EL Cashewkerne

Für das Dressing:
5–6 EL Gemüsebrühe
2 EL Apfelessig
2 TL Ahornsirup
½ EL Senf
Salz
Pfeffer aus der Mühle
3 EL Olivenöl

Den Backofen auf 160 °C Umluft (180 °C Ober-/Unterhitze) vorheizen. Für den Salat die Pastinaken putzen, schälen, der Länge nach halbieren und auf einem mit Backpapier belegten Blech verteilen. Die Rosmarinzweige waschen und trocken schütteln. Den Knoblauch schälen, andrücken und mit 1 Prise Salz und dem Rosmarin über den Pastinaken verteilen. Alles mit den Händen gut mischen und die Pastinaken im vorgeheizten Ofen auf der mittleren Schiene 15–20 Minuten garen.

Inzwischen den Rucola verlesen, waschen und trocken schleudern. Die Birnen waschen, vierteln, entkernen, in grobe Stücke schneiden und mit etwas Zitronensaft beträufeln, damit sie nicht braun werden. Die Zwiebel schälen und in feine Würfel schneiden. Die Petersilie waschen und trocken schütteln, die Blätter abzupfen und fein hacken. Die Cashewkerne grob hacken und in einer beschichteten Pfanne ohne Fett bei mittlerer Hitze anrösten, bis sie duften.

Für das Dressing die dünnen Enden der gegarten Pastinaken abschneiden und in ein hohes Gefäß geben. Gemüsebrühe, Essig, Ahornsirup und Senf dazugeben und mit 1 Prise Salz und Pfeffer abschmecken. Alles mit dem Stabmixer zu einem cremigen Dressing pürieren, dabei das Olivenöl langsam dazugießen.

Die Pastinaken in Scheiben schneiden und mit dem Dressing mischen. Die Zwiebelwürfel, den fein gehackten Ofenknoblauch und die Petersilie unterheben.

Den Pastinakensalat mit dem Rucola auf Tellern anrichten, mit gerösteten Cashewkernen bestreuen und mit Birnenstücken garniert servieren.

Tipp: Pastinaken lassen sich am besten im Gemüsefach des Kühlschranks oder im Keller aufbewahren. Wichtig ist eine kühle und leicht feuchte Umgebung, dann halten sie locker 14 Tage durch.

V

HEIMISCHE SUPERFOODS

An dem Hype um Superfoods aus aller Welt kam man in den letzten Jahren kaum vorbei: von der Açai-Beere über Chiasamen bis hin zum Pseudogetreide Quinoa, die von weit her bis zu uns häufig große Strecken reisen müssen. Bei diesem Trend haben viele völlig übersehen, dass zahlreiche Produkte direkt vor unserer Haustür wachsen, die genauso viel – und oft noch mehr – für unsere Gesundheit leisten können.

Tolle Knollen: gesunde Power aus dem Boden
Der unterirdische Teil von Pflanzen wird hinsichtlich der Inhaltsstoffe vielfach unterschätzt. Gute, langkettige Kohlenhydrate sorgen dafür, dass Knollengemüse ohne viele Kalorien sättigen. Knollen sind zudem sehr reich an Nährstoffen. Das Betacarotin der Möhre macht sie zu einem wichtigen Provitamin-A-Lieferanten für die Sehfähigkeit. Vitamin C, Folsäure und Eisen in der Roten Bete stärken Immunsystem und Zellneubildung, wichtig nicht nur für Sportler und Schwangere. Das Kalium im Sellerie wirkt entwässernd, Vitamin C antioxidativ, ein hoher Gehalt an ätherischen Ölen baut Stresshormone ab. Auch Petersilienwurzel und Pastinake sind tolle Vitamin-C-Lieferanten und stecken voller ätherischer Öle, die verdauungsanregend und harntreibend wirken. Der Topinambur ist eine großartige Alternative zur Kartoffel. Neben viel Carotin, B- und E-Vitaminen, Kalzium und Phosphor enthält er bis zu 16 Prozent Inulin, ein unverdauliches Kohlenhydrat, das für Diabetiker interessant ist, weil es den Blutzuckerspiegel nicht beeinflusst. Gleichzeitig dient es als Appetitzügler und regt die Verdauung an.

» *Wir haben in unseren heimischen Gefilden die besten Superfoods, die wir uns denken können. Grünkohl, Hafer und Co. sind so gut, dass man gar nicht in die Ferne schweifen muss. Alles drin, alles dran – wann kapieren das die Leute?* «

Grünes Gemüse: Vitamin- und Mineralienbooster
Dass vor allem grünes Gemüse eine enorm positive Wirkung auf unseren Körper hat, wissen wir spätestens seit dem grünen Smoothie. Jedes grüne Gemüse enthält das Farbpigment Chlorophyll, das der Pflanze die Photosynthese ermöglicht, aber auch für den Menschen sehr nützlich ist, da es zum Beispiel den Aufbau neuer Blutzellen und die Wundheilung unterstützt. Portulak enthält, wie Brokkoli und Erbsen, sehr viel Magnesium und kann deshalb Entzündungen im Körper bekämpfen. Wie alle Hülsenfrüchte sind Erbsen zudem eine gute pflanzliche Proteinquelle und gerade für Sportler hilfreich, denn sie können dank der enthaltenen Zuckerstoffe leere Energietanks rasch wieder auffüllen. Feldsalat ist reich an Vitamin A und C sowie Folsäure, stärkt damit Immunsystem und Zellaufbau. Grünkohl toppt mit seiner Nährstoffdichte alle grünen Kollegen.

Und noch mehr Superfoods
Dies ist natürlich nur die Spitze des Superfood-Bergs. Beerenobst wie Johannisbeere, Himbeere, Heidelbeere, Brombeere, Stachelbeere oder Holunderbeere zählt ebenso dazu wie die Getreide Hafer oder Dinkel. Leinsamen und vor allem Nüsse wie Walnüsse, Haselnüsse oder Mandeln dürfen in der Aufzählung auch nicht fehlen. Wer darüber hinaus mehr zu heimischen Superfoods erfahren möchte, findet dazu zahlreiche aktuelle Bücher oder hilfreiche Internetseiten, wie zum Beispiel www.zentrum-der-gesundheit.de.

GEBACKENER ZIEGENCAMEMBERT MIT MÖHRENSALAT

Pro Portion ca. 680 kcal, 23 g EW, 43 g F, 47 g KH, 9 g BST

REICHT FÜR 4 | ZUBEREITUNG: 25 MIN. + 10–15 MIN. GAREN

Für das Pesto:
2 EL gemahlene Mandeln
1 Bund Basilikum
1 TL Meerrettich (frisch gerieben oder aus dem Glas)
1 EL fein geriebener Parmesan
4–6 EL Olivenöl
1 EL Apfelsüße
Salz | Pfeffer aus der Mühle

Für den Salat:
je 3 gelbe, orange und weiße Möhren
1 Knoblauchzehe
2 TL Olivenöl
Salz | Pfeffer aus der Mühle
abgeriebene Schale und Saft von 1 Bio-Zitrone
1 TL Honig
1 TL Walnussöl

Für den Ziegenkäse:
4 Scheiben Ziegencamembert (à 80 g)
2 TL grober Senf
Salz | Pfeffer aus der Mühle
8 dünne Scheiben feines Dinkelbrot
2 EL Olivenöl

Für das Pesto die Mandeln in einer kleinen beschichteten Pfanne ohne Fett bei mittlerer Hitze leicht anrösten. In einen hohen Rührbecher füllen. Das Basilikum waschen, trocken schütteln und die Blätter abzupfen. Die Blätter mit Meerrettich, Parmesan, Olivenöl, Apfelsüße sowie je 1 Prise Salz und Pfeffer zu den Mandeln geben. Alles mit dem Stabmixer fein pürieren.

Den Backofen auf 160 °C Umluft (180 °C Ober-/Unterhitze) vorheizen. Für den Salat die Möhren schälen und der Länge nach in dünne Streifen schneiden. Den Knoblauch schälen und in feine Würfel schneiden. Die Möhren auf einem mit Backpapier belegten Blech verteilen, mit Olivenöl beträufeln und mit Knoblauch, Salz und Pfeffer würzen. Die Möhren im vorgeheizten Ofen auf der mittleren Schiene 2–3 Minuten garen.

In der Zwischenzeit Zitronenschale und -saft, Honig und Walnussöl sowie je 1 Prise Salz und Pfeffer verquirlen. Die Möhren noch warm mit dem Dressing marinieren.

Für den Ziegenkäse die Käsescheiben mit etwas Senf bestreichen, dann mit Salz und Pfeffer würzen. Jede Käsescheibe auf 1 Brotscheibe legen und mit je 1 Brotscheibe belegen. Das Olivenöl in einer Pfanne erhitzen und den Käse im Brotmantel darin portionsweise bei mittlerer Hitze auf beiden Seiten backen, bis der Käse weich und das Brot goldgelb und knusprig ist.

Die Möhrennudeln mit einer Gabel zu Nestern rollen und auf Tellern anrichten. Die Käsebrote daneben verteilen und mit Basilikumpesto beträufelt servieren.

V

ZUCCHINI-FETA-RÖLLCHEN AUF PFIFFERLINGSALAT

Pro Portion ca. 500 kcal, 23 g EW, 40 g F, 7 g KH, 7 g BST

REICHT FÜR 4 | ZUBEREITUNG: 45 MIN.

Für die Röllchen:
2 große Zucchini
Salz | Pfeffer aus der Mühle
1 Spritzer Zitronensaft
1 EL Olivenöl
Knoblauch (nach Belieben)
400 g Feta (Schafskäse)

Für die Vinaigrette:
1 EL Orangensaft | 1 EL Zitronensaft
2 EL Olivenöl | 2 TL Ahornsirup
Salz | Pfeffer aus der Mühle

Für den Salat:
2 EL Erdnusskerne
500 g Pfifferlinge
2 Handvoll junger Spinat
1 rote Zwiebel
1 Knoblauchzehe
1 Bund Schnittlauch
2 EL Olivenöl
1 EL glutenfreie Sojasauce
Saft von 1 Zitrone
1 Msp. fein gehackte Chilischote
Salz | Pfeffer aus der Mühle

Für die Röllchen die Zucchini putzen, waschen und trocken reiben. Mit der Aufschnittmaschine oder mit einem scharfen Messer in jeweils 8 dünne Scheiben schneiden. Die Scheiben salzen und in einer Grillpfanne bei starker Hitze kurz grillen. Mit Salz und Pfeffer würzen und mit Zitronensaft und Olivenöl abschmecken. Eventuell etwas Knoblauch dazugeben.

Den Feta trocken tupfen und in 8 dicke Streifen schneiden. Jeden Streifen mit 2 Zucchinischeiben umwickeln und die Enden nach Belieben mit Zahnstochern fixieren. Bis zum Servieren warm stellen.

Für die Vinaigrette Orangen- und Zitronensaft, Olivenöl und Ahornsirup verquirlen. Mit Salz und Pfeffer würzen.

Für den Salat die Erdnüsse grob hacken und in einer kleinen beschichteten Pfanne ohne Fett bei mittlerer Hitze anrösten. In eine Schüssel geben und beiseitestellen. Die Pfifferlinge putzen. Den Spinat verlesen, waschen und trocken schleudern. Zwiebel und Knoblauch schälen und fein würfeln. Schnittlauch waschen, trocken schütteln und in feine Röllchen schneiden.

Das Olivenöl in einer Pfanne erhitzen und die Pilze darin bei starker Hitze rundum anbraten. In eine Schüssel füllen. Zwiebel und Knoblauch in derselben Pfanne bei mittlerer Hitze glasig andünsten. Mit Sojasauce, Zitronensaft und Chili mischen. Die Marinade mit Salz und Pfeffer würzen und in der Schüssel mit den Pfifferlingen sowie der Hälfte des Schnittlauchs mischen.

Den Spinat unter die abgekühlten Pfifferlinge heben. Den Pfifferlingsalat auf Tellern anrichten, die Zucchini-Feta-Röllchen daneben anrichten, mit der Vinaigrette beträufeln und mit den restlichen Schnittlauchröllchen sowie den gerösteten Erdnüssen bestreuen.

LC V

TOSKANISCHER BROTSALAT MIT BURRATA

Pro Portion ca. 790 kcal, 32 g EW, 42 g F, 58 g KH, 5 g BST

REICHT FÜR 4 | ZUBEREITUNG: 30 MIN.

- 400 g Ciabatta
- 3–4 EL Olivenöl
- 2 Zweige Rosmarin
- 3 Knoblauchzehen
- 1 rote Zwiebel
- 200 ml Tomatensugo oder -saft
- 2 TL brauner Zucker
- ★ 50 g schwarze Oliven (ohne Stein)
- 16 Kapernäpfel
- 350 g Mini-Strauchtomaten
- Meersalz
- Pfeffer aus der Mühle
- 1–2 Msp. abgeriebene Bio-Zitronenschale
- 4 Burrata (ital. Büffelkäse)
- Basilikumblätter zum Garnieren (nach Belieben)

Den Backofen auf 160 °C Umluft (180 °C Ober-/Unterhitze) vorheizen. Das Brot in etwa 2 x 2 cm große Würfel schneiden, mit 2–3 EL Olivenöl mischen und auf einem mit Backpapier belegten Blech verteilen. Den Rosmarin waschen, trocken schütteln, und mit 2 angedrückten Knoblauchzehen zwischen dem Brot verteilen. Die Brotwürfel im vorgeheizten Ofen auf der mittleren Schiene 15–20 Minuten goldbraun und knusprig rösten.

Inzwischen die Zwiebel und den restlichen Knoblauch schälen und in feine Würfel schneiden. Das restliche Olivenöl in einem kleinen Topf erhitzen und die Zwiebel- und Knoblauchwürfel darin bei mittlerer Hitze andünsten. Mit dem Sugo oder Saft ablöschen und die Flüssigkeit leicht einkochen.

Den Zucker in einer beschichteten Pfanne schmelzen. Oliven und Kapernäpfel dazugeben und zum Karamellisieren im Zucker schwenken. Anschließend beiseitestellen. Die Tomaten waschen, trocken tupfen und halbieren. Die knusprigen Brotwürfel aus dem Ofen nehmen und mit Meersalz sowie Pfeffer würzen. Kurz vor dem Servieren Brotwürfel und Tomaten mit dem Tomatensugo mischen. Mit Zitronenschale, Meersalz und Pfeffer abschmecken.

Den Brotsalat auf Teller verteilen, je 1 Burrata daraufsetzen und leicht auseinanderreißen. Mit Kapernäpfeln, Oliven und nach Belieben mit Basilikumblättern garniert servieren.

★ Healthy Hint ★

Schwarze Oliven sind voll ausgereifte grüne Oliven und schmecken deshalb auch aromatischer. Aber egal, ob grün oder schwarz: Oliven sind reich an einfach ungesättigten Fettsäuren und enthalten viele Vitamine, Mineral- und sekundäre Pflanzenstoffe. Roh sind beide Sorten so bitter, dass sie ungenießbar sind, deshalb werden sie meist in Öl oder Salzlake eingelegt.

V

SCHARFE SUPPE MIT GEMÜSENUDELN UND ENOKI

Pro Portion ca. 170 kcal, 9 g EW, 2 g F, 24 g KH, 12 g BST

REICHT FÜR 6–8 | ZUBEREITUNG: 30 MIN. + 30 MIN. GAREN

- ★ 1 Sellerieknolle
- 3–4 große Möhren
- 4 Gelbe Beten
- 1 Stange Lauch
- 250 g Enoki (japan. Pilze; alternativ rosa Champignons)
- 1–2 große Zwiebeln
- 50 g Ingwer
- 2 Knoblauchzehen
- 1 Chilischote
- 6 EL glutenfreie Sojasauce
- 1–2 TL Kurkumapulver
- 1 Lorbeerblatt
- 2–3 TL Honig
- 1 Spritzer Apfelessig
- Salz | Pfeffer aus der Mühle
- 1 Bund Koriandergrün
- 1–2 Msp. Wasabipaste (nach Belieben)

Sellerie, Möhren und Beten putzen, schälen und mit einem Spiralschneider in Nudelform schneiden. Den Lauch putzen, waschen und der Länge nach in feine Streifen schneiden. Die Enoki putzen. Die Zwiebeln schälen und in Streifen schneiden. Alles abgedeckt beiseitestellen, die Gemüseabschnitte aufbewahren.

Ingwer und Knoblauch schälen und in feine Würfel schneiden. Die Chilischote längs halbieren, entkernen, waschen und in feine Würfel schneiden. Gemüseabschnitte und 1 l Wasser mit Ingwer, Knoblauch, Chili, Sojasauce, Kurkuma, Lorbeer, Honig, Apfelessig sowie je 1 Prise Salz und Pfeffer kalt aufsetzen. Bei mittlerer Hitze langsam aufkochen, anschließend bei schwacher Hitze 20–30 Minuten ziehen lassen.

Inzwischen den Koriander waschen und trocken schütteln, die Blätter abzupfen und fein hacken.

Die Gemüsebrühe durch ein feines Sieb in einen zweiten Topf gießen und erneut aufkochen. Das vorbereitete Gemüse und die Pilze dazugeben und in der Brühe 2–3 Minuten ziehen lassen. Die Suppe mit Salz, Pfeffer und nach Belieben Wasabi abschmecken, das Koriandergrün – bis auf 1 EL – dazugeben.

Die Suppe auf tiefe Teller oder kleine Schalen verteilen und mit dem restlichen Koriander bestreut servieren.

★ Healthy Hint ★

Der Sellerie war schon die nicht nur würzende Geheimwaffe unserer Eltern und Großeltern. Ob sie das immer wussten, sei dahingestellt. Er hat viel gesundes Kalzium, neutralisiert zu viel Magensäure und wirkt entwässernd. Übrigens, Jungs: Die enthaltenen ätherischen Öle können potenzsteigernd wirken. Aber das nur am Rande …

Heizt richtig ein

OFENSPARGEL MIT KARTOFFEL-SCHNITTLAUCH-SALSA

Pro Portion ca. 320 kcal, 4 g EW, 30 g F, 9 g KH, 3 g BST

REICHT FÜR 4 | ZUBEREITUNG: 40 MIN.

Für die Salsa:
150 g festkochende Kartoffeln
Salz
1 TL Senf
1-2 EL Essig
50-100 ml Spargelfond
Pfeffer aus der Mühle
1 Bund Schnittlauch

Für den Spargel:
800 g weißer Spargel ★
2-3 Zweige Thymian (nach Belieben)
1 Knoblauchzehe
abgeriebene Schale von 1 Bio-Zitrone
Salz | Pfeffer aus der Mühle
1 TL brauner Zucker
75 ml Olivenöl | 50 g Butterflocken

Für die Salsa die Kartoffeln gründlich waschen und mit der Schale in Salzwasser etwa 20 Minuten weich garen. Inzwischen für den Spargel den Backofen auf 160 °C Umluft (180 °C Ober-/Unterhitze) vorheizen.

Den Spargel schälen, die holzigen Enden abschneiden und die Stangen in eine große flache Auflaufform legen. Nach Belieben den Thymian waschen und trocken schütteln. Den Knoblauch schälen und in feine Würfel schneiden. Den Spargel mit Knoblauch, Zitronenschale, Salz und Pfeffer würzen. Zucker, Olivenöl, Butter und Thymianzweige dazugeben. Den Spargel im vorgeheizten Ofen auf der mittleren Schiene 10-15 Minuten garen.

In der Zwischenzeit die Kartoffeln abgießen, kurz ausdampfen lassen, noch warm pellen und mit einer Gabel zerdrücken. Mit Senf, Essig und Spargelfond (siehe Tipp) vermengen, bis die Salsa eine geschmeidige Konsistenz hat. Mit Salz und Pfeffer abschmecken. Den Schnittlauch waschen, trocken schütteln und in feine Röllchen schneiden. Etwa 1 EL Schnittlauchröllchen für die Deko beiseitelegen, den Rest unter die Salsa mischen. Die Salsa nochmals mit Salz und Pfeffer abschmecken.

Den Spargel mit der Kartoffel-Salsa anrichten und mit dem restlichen Schnittlauch garniert servieren. Dazu passen zum Beispiel pochierte Eier sehr gut.

Tipp: Die Flüssigkeitsmenge für die Salsa hängt vom Stärkegehalt der Kartoffeln ab. Je stärkehaltiger sie sind, umso mehr Fond wird benötigt.

★ Healthy Hint ★

Spargel ist im Frühjahr nicht nur ein begehrtes Saisongemüse, sondern supergeeignet, um Diätpläne in die Tat umzusetzen. Die weißen oder grünen Stangen machen bei wenig Kalorien schön satt, regen die Nierentätigkeit an, wirken damit entwässernd und versorgen uns gleichzeitig mit viel gesundem Vitamin C und den Mineralstoffen Kalium, Kalzium und Eisen.

DINKELBRIOCHE-BURGER MIT AUBERGINEN UND BOHNEN-SALSA

Pro Portion ca. 950 kcal, 33 g EW, 33 g F, 124 g KH, 12 g BST

REICHT FÜR 4 | ZUBEREITUNG: 45 MIN. + CA. 1 STD. GEHEN

Für die Brioche:
2 ½ EL brauner Zucker | 3 EL warme Milch
½ Würfel Hefe
520 g Dinkelmehl + etwas mehr zum Bestäuben
80 g weiche Butter | 1 Ei | Salz
1 Eigelb | 3 EL Sahne

Für die Salsa:
400 g weiße Bohnenkerne (gegart)
2 rote Zwiebeln | 1 Knoblauchzehe
20 g getrocknete Tomaten (in Öl)
½ Bund Petersilie | 2 EL Olivenöl
Saft von 2 Zitronen | Salz

Für die Auberginen:
2 Auberginen | Salz
Olivenöl zum Beträufeln
100 g Feldsalat
Aceto balsamico zum Beträufeln
Pfeffer aus der Mühle

Für die Brioche Zucker, Milch und 200 ml warmes Wasser in einer Schüssel verrühren, die Hefe darin auflösen. Mehl und Butter dazugeben und alles mit den Händen verrühren. Das Ei leicht verquirlen, mit 1 ½ TL Salz zum Teig geben und alles mit den Händen, den Knethaken des Handrührgeräts oder der Küchenmaschine 5–10 Minuten gut verkneten. Die Teigkugel in einer Schüssel mit etwas Mehl bestäuben, mit Frischhaltefolie abdecken und an einem warmen Ort etwa 1 Stunde gehen lassen.

Für die Salsa die Bohnen abtropfen lassen und grob zerdrücken. Zwiebeln und Knoblauch schälen und in feine Würfel schneiden. Die Tomaten abtropfen lassen und hacken. Die Petersilie waschen und trocken schütteln, die Blätter abzupfen und in feine Streifen schneiden. Bohnen, Zwiebeln, Knoblauch, Tomaten, Petersilie und Olivenöl mischen. Mit Zitronensaft und Salz würzen.

Den Backofen auf 180 °C Umluft (200 °C Ober-/Unterhitze) vorheizen. Aus dem Teig 4 Brötchen formen, auf einem mit Backpapier belegten Blech verteilen, mit etwas Mehl bestäuben und mit einem Küchentuch abgedeckt weitere 10 Minuten gehen lassen. Dann die Brioche im vorgeheizten Ofen auf der mittleren Schiene etwa 12 Minuten leicht braun backen. Inzwischen die Auberginen schälen, in fingerdicke Scheiben schneiden, salzen und mit etwas Olivenöl beträufeln. Den Feldsalat verlesen, putzen, waschen und trocken schleudern.

Für die Brioche Eigelb und Sahne verquirlen, das Gebäck damit dünn bestreichen und weitere 3 Minuten backen. Eine Grillpfanne erhitzen und die Auberginenscheiben darin bei mittlerer Hitze etwa 5 Minuten grillen, dabei nur wenig wenden, da sie sonst viel Flüssigkeit verlieren. Herausnehmen, mit etwas Essig und Olivenöl beträufeln und mit Pfeffer würzen. Die abgekühlten Brioches aufschneiden und in der Grillpfanne kurz auf der Außenseite angrillen. Auf der unteren Hälfte Bohnen-Salsa verteilen, darauf 2–3 Auberginenscheiben legen, mit etwas Feldsalat toppen und die Briochedeckel darauflegen.

V

Mega-Power
für Sportler

GNOCCHI MIT MANGOLD UND ZIEGENKÄSE

Pro Portion ca. 570 kcal, 17 g EW, 31 g F, 52 g KH, 7 g BST

REICHT FÜR 4 | ZUBEREITUNG: 45 MIN.

Für die Gnocchi:
500 g mehligkochende Kartoffeln | Salz
100 g Dinkelmehl
60 g Dinkelgrieß
2 Eigelb
Pfeffer aus der Mühle
2 EL Olivenöl
einige Zweige Thymian

Für den Ziegenkäse:
200 g Ziegenfrischkäse
50 ml Olivenöl
1–2 TL Apfelsüße
1 Msp. Piment d'Espelette
Salz | Pfeffer aus der Mühle

Für den Mangold:
1 Bund bunter Mangold
12 Cocktailtomaten
2 Schalotten
2 Knoblauchzehen
1–2 EL Olivenöl
1 TL Apfelsüße
Salz | Pfeffer aus der Mühle

Für die Gnocchi die Kartoffeln mit der Schale gründlich waschen und in Salzwasser etwa 20 Minuten weich garen. Inzwischen für den Ziegenkäse den Frischkäse mit Olivenöl, Apfelsüße, Piment d'Espelette sowie je 1 Prise Salz und Pfeffer mit dem Stabmixer verrühren, bis eine dickflüssige Creme entsteht.

Den Mangold verlesen, putzen, waschen und trocken schütteln. Die Blätter von den Stielen trennen und grob schneiden. Die Stiele in Rauten schneiden. Die Cocktailtomaten waschen und halbieren. Schalotten und Knoblauch schälen und in feine Würfel schneiden.

Die Kartoffeln abgießen, ausdampfen lassen und möglichst heiß pellen, dann durch die Presse drücken oder fein stampfen. Die Kartoffelmasse mit Mehl, Grieß, Eigelben sowie je 1 Prise Salz und Pfeffer mischen und zu einem homogenen Teig verkneten.

Aus dem Teig 3 cm dicke Rollen formen und die Rollen in daumendicke Stücke schneiden. Die so entstandenen Gnocchi noch einmal kurz zwischen den Handflächen oval rollen. In einem großen Topf Salzwasser aufkochen, die Gnocchi vorsichtig hineingeben und bei schwacher Hitze garen, bis sie an die Oberfläche steigen. Sofort mit einem Schaumlöffel herausheben, gut abtropfen lassen und auf einen mit Olivenöl leicht gefetteten Teller legen.

Für den Mangold 1 EL Olivenöl in einem Topf erhitzen und die Schalotten- und Knoblauchwürfel darin bei mittlerer Hitze glasig andünsten. Die Mangoldstiele dazugeben und 1–2 Minuten mitgaren. Die Blätter dazugeben und zusammenfallen lassen. Mit Apfelsüße, Salz und Pfeffer würzen. Die Cocktailtomaten dazugeben und mit etwas Olivenöl noch einmal abschmecken.

Für die Gnocchi den Thymian waschen und trocken schütteln. Das restliche Olivenöl in einer Pfanne erhitzen und die Gnocchi darin mit dem Thymian bei mittlerer Hitze durchschwenken.

Auf jedem Teller 1 Klecks Ziegenkäsecreme verstreichen, den Mangold mittig auf die Creme häufen und die Gnocchi darauf angerichten.

V

GESCHMORTE MÖHREN À LA CURRYWURST

Pro Portion ca. 210 kcal, 3 g EW, 12 g F, 19 g KH, 5 g BST

REICHT FÜR 4 | ZUBEREITUNG: 30 MIN.

Für die „Wurst“:
★ 8 mittelgroße Möhren
abgeriebene Schale und Saft von 1 Bio-Zitrone
3–4 EL Olivenöl
½ TL rote Currypaste
1 TL Honig
Meersalz
Currypulver zum Bestäuben
Korianderblätter zum Garnieren

Für die Sauce:
4 Tomaten
1 rote Zwiebel
1 Knoblauchzehe
1 EL Olivenöl
½ TL rote Currypaste
Saft und abgeriebene Schale von 1 Bio-Orange
150 ml passierte Tomaten
1 TL fein geriebener Ingwer
1 TL Apfelkraut | Salz

Den Backofen auf 160 °C Umluft (180 °C Ober-/Unterhitze) vorheizen. Für die „Wurst“ die Möhren schälen. Zitronenschale und -saft, Olivenöl, Currypaste, Honig und 1 Prise Meersalz verrühren. Die Möhren in einer Auflaufform mit der Marinade mischen. Im vorgeheizten Ofen auf der mittleren Schiene 15–20 Minuten garen.

Inzwischen für die Sauce die Tomaten waschen, vierteln, entkernen und in kleine Würfel schneiden, dabei den Stielansatz entfernen. Zwiebel und Knoblauch schälen und in feine Würfel schneiden. Das Olivenöl in einem kleinen Topf erhitzen, die Zwiebel- und Knoblauchwürfel darin bei mittlerer Hitze glasig andünsten. Die Currypaste einrühren und kurz mitdünsten. Mit dem Orangensaft ablöschen und die Flüssigkeit leicht einkochen. Die passierten Tomaten dazugeben und ebenfalls kurz einkochen. Tomatenwürfel, Ingwer, Orangenschale und Apfelkraut dazugeben und weitere 5 Minuten einkochen. Mit Salz abschmecken.

Die Möhren aus der Form nehmen und auf Teller verteilen. Das restliche Öl aus der Form unter die Sauce rühren. Die Möhren mit der Sauce begießen, mit Currypulver bestäuben und mit Korianderblättern garniert servieren. Dazu passen Rosmarinkartoffeln.

★ Healthy Hint ★

Möhren, Mohrrüben, Karotten oder gelbe Rüben? Es gibt nicht nur viele Bezeichnungen für das süße Gemüse, sondern inzwischen auch wieder viele Farben: Orange, Gelb, sogar Lila. Allen gemein aber ist der hohe Gehalt an Betacarotin, das gut für Augen, Haut und Herz ist. Mit etwas Butter oder Öl bei der Zubereitung kann sich die Wirkung des fettlöslichen Betacarotins erst richtig entfalten.

PAPRIKA MIT FETA-COUSCOUS UND GURKEN-SALSA

Pro Portion ca. 490 kcal, 14 g EW, 26 g F, 45 g KH, 8 g BST

REICHT FÜR 4 | ZUBEREITUNGSZEIT: 50 MIN.

Für die Paprika:
4 rote Paprikaschoten
150 ml Orangensaft
1 EL Honig
1 EL Ras-el-Hanout
Saft von 2 Zitronen
Salz | Pfeffer aus der Mühle
150 g Couscous
1 rote Zwiebel
½ Bund Petersilie
150 g Feta (Schafskäse)
4 EL Olivenöl

Für die Petersilien-Salsa:
1 großes Bund Petersilie
1 Salatgurke
1 rote Zwiebel
2 EL kleine Kapern
2 EL Olivenöl
1 TL Honig
abgeriebene Schale und Saft von ½ Bio-Zitrone
Meersalz
Pfeffer aus der Mühle

Den Backofen auf 160 °C Umluft vorheizen. Die Deckel der Paprikaschoten abschneiden, die Schoten entkernen, waschen, trocken tupfen und auf einem mit Backpapier belegten Blech im vorgeheizten Ofen auf der mittleren Schiene 10–12 Minuten vorgaren.

Inzwischen den Orangensaft mit Honig, Ras-el-Hanout und Zitronensaft kurz aufkochen. Mit Salz und Pfeffer würzen. Den Couscous mit der heißen Flüssigkeit übergießen und zugedeckt etwa 10 Minuten ziehen lassen. Inzwischen die Zwiebel schälen und in feine Würfel schneiden. Die Paprikaschoten aus dem Ofen nehmen und leicht abkühlen lassen. Den Ofen nicht ausschalten.

Die Petersilie waschen und trocken schütteln, die Blätter abzupfen und fein hacken. Zwiebelwürfel, Petersilie und zerbröselten Feta mit dem Couscous mischen. Das Olivenöl unterrühren. Mit Salz und Pfeffer abschmecken. Die Paprikaschoten mit der Masse füllen. Die Schoten im vorgeheizten Ofen 10–15 Minuten erhitzen.

Inzwischen für die Salsa die Petersilie waschen und trocken schütteln, die Blätter abzupfen und fein hacken. Die Gurke schälen, längs halbieren und die Kerne mit einem Teelöffel entfernen. Die Hälften in feine Würfel schneiden. Die Zwiebel schälen, ebenfalls fein würfeln und mit Gurke, Petersilie und Kapern vermengen. Olivenöl, Honig, Zitronenschale und -saft untermischen. Mit Meersalz und Pfeffer abschmecken.

Die gefüllten Paprikaschoten mit der Salsa servieren. Dazu die Schoten mit der Salsa beträufeln. Falls nötig, mit etwas Olivenöl und Pfeffer nachwürzen.

V

KRÄUTER UND CO.

Nicht jeder hat den schönsten Wochenmarkt vor der Tür, den Gemüsehändler in der Straße oder den bestsortierten Supermarkt im Ort. Deshalb kann manchmal schon das Beschaffen von Kräutern wie Thymian oder Salbei zum Problem werden. Die Lösung: Mit wenigen Tipps und Tricks lassen sich Kräuter und auch manches Gemüse ohne viel Aufwand sogar in der Stadtwohnung ziehen.

Kulinarische Selbstbestimmung

Kräuter sind das Parfum des Essens. Mit ihnen kann man in Topf und Pfanne jederzeit ein Aromenfeuerwerk abbrennen. Um Kräuter und auch einiges Gemüse selbst zu ziehen, ist noch nicht einmal ein eigener Garten nötig. Balkon, Fensterbank oder sogar Keller bieten genug Raum, um sich mit einigen Küchenfavoriten jederzeit zu versorgen. Und wer in die selbst gezogene Tomate beißt, muss sich nicht fragen, mit welchen Pestiziden die wohl vor der Ernte schon Samba getanzt hat.

» Kräuter sind kein Chichi, sie geben jedem Gericht eine besondere Note und sind dabei in der Pflege recht genügsame Pflänzchen. Außerdem kennt die Naturheilkunde sie seit Langem als wahre Wundermittel. Also Leute, ab jetzt Kräuter auf den Balkon. Jede Ausrede ist zwecklos! «

Standort Fensterbank

Hier fühlen sich Kräuter richtig wohl. Im Topf gekaufte Kräuter wachsen mit ein bisschen Pflege an einem sonnigen Plätzchen auf der Fensterbank in der Tat nach. Wer mehr Kräutersorten mag, als auf der Fensterbank Platz haben, kann dort ein „Kräutertürmchen" bauen oder an einer sonnigen Wand einen vertikalen Kräutergarten aufhängen, in dem die unterschiedlichen Sorten in mehreren Reihen übereinander Platz haben.

Sonne auf dem Balkon

Was blühen muss, um Früchte zu tragen, braucht frische Luft. Tomaten sind sehr genügsam und in einem Blumentopf, im Eimer oder im Balkonkasten glücklich. Damit sie schön aromatisch werden, sollte es ein Sonnenplätzchen sein. So geht es auch der Erdbeere. Sie ist beispielsweise schon sehr zufrieden damit, auf dem Balkon in einer Blumenampel hängend gepflegt zu werden. Um selbst bei minimalem Platzangebot Salat zu ziehen, bietet der Handel „Salatbäume" an. Hierzu gibt es im Internet zudem zahlreiche Do-it-yourself-Anleitungen zum Selbstbau zum Beispiel aus leeren Rohren. Übrigens wachsen sogar Möhren und Kartoffeln wunderbar in einem Eimer auf dem Balkon, wobei das Pflanzgefäß ausreichend tief sein muss.

Kellerkinder

Aber auch ohne Balkon muss für den ambitionierten Hobbygärtner nach dem Fensterbrett noch nicht Schluss sein, sofern ein dunkler Kellerraum vorhanden ist. Hier wachsen und gedeihen die eigenen Champignons bei 15 bis 20 Grad Celsius prächtig. Entsprechende Fertigzuchten, um die eigene Kultur anzulegen, sowie Infos zum Thema gibt es im Gartenfachhandel oder im Netz.

Trendhobby Urban Gardening

Und wer nach der ersten eigenen Ernte Lust auf mehr bekommen hat, der schaut sich im Internet einfach nach sogenannten Urban-Gardening-Projekten oder Mietäckern um, die es inzwischen in nahezu jeder größeren Stadt gibt. Hier können Interessierte, die keinen eigenen Garten haben, auf städtischen oder privaten Flächen unter Anleitung gemeinsam ihr eigenes Obst und Gemüse anbauen. Gerade für oder mit Kindern ist das eine super Sache, denn heutzutage haben ganz viele noch nie eine Möhre aus der Erde gezogen. Und wie soll man sonst je erfahren, wie viel besser die schmeckt, wenn man sich selbst um sie bemüht hat?

SCHWARZWURZELN IM PERGAMENT MIT PETERSILIEN-PESTO

Pro Portion ca. 370 kcal, 3 g EW, 31 g F, 6 g KH, 26 g BST

REICHT FÜR 4 | ZUBEREITUNG: 25 MIN. + 25 MIN. GAREN

Für die Schwarzwurzeln:
1 kg Schwarzwurzeln
Saft von 1 Zitrone
3 Zweige Thymian
½ Knoblauchzehe
abgeriebene Schale von 1 Bio-Orange
3 EL zerlassene Butter
2 EL Olivenöl
Salz | Pfeffer aus der Mühle

Für das Pesto:
1 großes Bund Petersilie
5–6 EL gutes Olivenöl
1 Handvoll Walnusskerne
1–2 TL Apfelsüße
abgeriebene Schale von ½ Bio-Zitrone (nach Belieben)
1 Spritzer Zitronensaft (nach Belieben)
Salz
Pfeffer aus der Mühle

Für die Schwarzwurzeln den Backofen auf 160 °C Umluft (180 °C Ober-/Unterhitze) vorheizen. Die Schwarzwurzeln schälen und sofort mit dem Zitronensaft einreiben, damit sie nicht braun anlaufen (siehe Tipp). Vier Bögen Backpapier (à 32 x 42 cm) so auslegen, dass die schmale Seite jeweils nach vorn zeigt, und die Schwarzwurzeln quer dazu darauf verteilen.

Thymian waschen und trocken schütteln, die Blättchen abstreifen und fein hacken. Den Knoblauch schälen, in feine Würfel schneiden und in einer Schüssel mit Thymian, Orangenschale, Butter und Olivenöl mischen. Die Marinade mit Salz und Pfeffer würzen und die Schwarzwurzeln damit übergießen.

Das hintere und vordere Ende der Papierbögen aufeinanderlegen und zusammen einrollen, dabei etwas Luft im so entstandenen Paket lassen. Die beiden Enden wie die eines Bonbons mit Küchengarn verschließen. Die Päckchen auf dem Blech im vorgeheizten Ofen auf der mittleren Schiene 25 Minuten garen.

Inzwischen für das Pesto die Petersilie waschen und trocken schütteln. Die Blätter abzupfen, in einen hohen Rührbecher geben und mit Olivenöl, grob gehackten Walnusskernen, Apfelsüße sowie nach Belieben Zitronenschale und -saft mit dem Stabmixer fein pürieren. Mit Salz und Pfeffer abschmecken.

Die Schwarzwurzeln im Pergament servieren und die Päckchen erst am Tisch öffnen. Das Pesto separat dazu reichen.

Tipp: Da Schwarzwurzeln stark färben, beim Schälen und Verarbeiten am besten Küchen- oder Einweghandschuhe tragen.

LC V

GEMÜSECHIPS IN GRÜN UND ROT MIT BAHARAT

Pro Portion ca. 120 kcal, 4 g EW, 7 g F, 8 g KH, 4 g BST

Gemüsechips sind gerade der Renner. Das Gemeine daran: Die gekauften Exemplare sind sooo ungesund. Wie gut, dass wir hier das Rezept für eine gesunde Alternative haben …

REICHT FÜR 4 | ZUBEREITUNG: 30 MIN. + BIS ZU 2 ½ STD. TROCKNEN

Für das Baharat:
3–4 Kardamomkapseln
½ Zimtstange
½ TL Koriandersamen
½ TL Kreuzkümmelsamen
1 TL schwarze Pfefferkörner
1 TL rosenscharfes Paprikapulver
1 Msp. Chilipulver
¼ TL frisch geriebene Muskatnuss
¼ TL Nelkenpulver

Für die Chips:
3 kleine Rote Beten
Salz
300 g Grünkohl
2–3 EL glutenfreie Sojasauce
2–3 EL Olivenöl
½ TL Baharat

Für das Baharat Kardamom, Zimt, Koriander, Kreuzkümmel und Pfeffer in einer beschichteten Pfanne ohne Fett bei mittlerer Hitze rösten, bis die Gewürze duften. Etwas abgekühlt mit den restlichen Gewürzen in einem Mörser zu feinem Pulver zerreiben (siehe Tipp).

Den Backofen auf 80 °C Umluft (100 °C Ober-/Unterhitze) vorheizen. Für die Chips die Roten Beten putzen, schälen, bei Bedarf zusätzlich waschen und auf dem Gemüsehobel in dünne Scheiben schneiden. In kochendem Salzwasser 2 Minuten blanchieren. Abgießen, kalt abschrecken und abtropfen lassen. Rote Beten zwischen zwei Lagen Küchenpapier mit leichtem Druck trocknen.

Den Grünkohl verlesen, waschen und trocken schütteln. Die Blätter von den dicken Rispen schneiden und in Stücke zupfen. Den Kohl zwischen zwei sauberen Küchenhandtüchern ebenfalls ausdrücken. Sojasauce, Olivenöl, Baharat und ¼ TL Salz in einer großen Schüssel verquirlen. Grünkohl und Betescheiben damit sorgfältig mischen. Grünkohl und Rote Beten auf einem mit Backpapier belegten Blech verteilen und im vorgeheizten Ofen auf der mittleren Schiene je nach Dicke und Feuchtigkeit bis zu 2 ½ Stunden trocknen, dabei immer wieder die Tür einen Spalt öffnen, damit die feuchte Luft entweichen kann.

Die Chips aus dem Ofen nehmen, abkühlen lassen und sofort servieren.

Tipp: In einem kleinen Vorratsglas mit Schraubdeckel hält sich die Gewürzmischung einige Wochen und bleibt aromatisch, wenn man sie an einem trockenen und dunklen Ort aufbewahrt.

FISCHKOPPKÜCHE – FRISCHES AUS DEM WASSER

Ich bin ein Fischkopp, ein Kerl von der Küste. Der **salzige Geruch des Meeres** im Wind hat mich geprägt. Jede freie Minute habe ich als Kind an den Stränden der Kieler Bucht verbracht. Heute schwankt mein Restaurant auf einem Ponton auf der Elbe, und bei meinem neuen Sport, dem Triathlon, fühle ich mich beim Schwimmen am besten. Irgendwie zieht es sich durch mein Leben: **Wasser bedeutet für mich Wohlsein.** Nicht nur deshalb liebe ich Fischgerichte. Auch ehrnährungstechnisch sorgt Wassergetier wegen seiner hochwertigen Omega-3-Fettsäuren und **leicht verdaulichen Proteine** für Wohlbefinden. Übrigens: Es ist leichter, einen Angelschein zu machen als einen Jagdschein, und die besinnliche Zeit, in der man an einem See, einem Fluss oder am Meer sitzt, ist auch dann **ein Zugewinn an Lebensqualität,** wenn einem nichts an die Angel geht. Und dann schmecken zum Beispiel die Makrelen mit Grünkohl oder der Barsch à la Bordelaise aus diesem Kapitel noch mal so gut ...

GAZPACHO MIT GEFÜLLTEM DORADENFILET

Pro Portion ca. 800 kcal, 35 g EW, 59 g F, 30 g KH, 4 g BST

REICHT FÜR 4 | ZUBEREITUNG: 45 MIN. + MIND. 1–2 STD. KÜHLEN

Für die Gazpacho:
400 g aromatische Tomaten
2 rote Paprikaschoten
½ Salatgurke
100 g Staudensellerie
1–2 rote Zwiebeln
½ Knoblauchzehe
2 Scheiben Dinkeltoast
4 Stiele Basilikum
200 ml Tomatensaft
40 ml Rotweinessig
200 ml Olivenöl
4 EL Apfelsüße
Salz | Pfeffer aus der Mühle
Gemüsefond (nach Belieben zum Verdünnen)
Salz | Pfeffer aus der Mühle

Für den Fisch:
4 Doradenfilets (à ca. 180 g; mit Haut)
je 5 Stiele Petersilie und Basilikum
1 Knoblauchzehe
abgeriebene Schale von 1 Bio-Zitrone
Salz
1 EL Olivenöl

Für die Gazpacho die Tomaten waschen und in Würfel schneiden, dabei den Stielansatz entfernen. Die Paprikaschoten halbieren und entkernen, dabei ebenfalls den Stielansatz entfernen. Die Gurke schälen, längs halbieren und entkernen. Den Sellerie putzen, waschen und mit dem übrigen Gemüse in feine Würfel schneiden. Zwiebeln und Knoblauch schälen und fein würfeln. Das Brot würfeln. Das Basilikum waschen und trocken schütteln, Blätter abzupfen und fein hacken.

Gemüse und Brot mit den restlichen Zutaten für die Gazpacho in einer Schüssel mischen, mit 1 TL Salz und Pfeffer würzen und im Kühlschrank mindestens 1–2 Stunden (am besten über Nacht) ziehen lassen.

Für den Fisch die Doraden auf der Fleischseite der Länge nach bis auf die Haut vorsichtig einschneiden. Dabei sollte die Haut intakt bleiben. Das Filet zu beiden Seiten des Schnitts leicht von der Haut ablösen. Petersilie und Basilikum waschen und trocken schütteln, die Blätter abzupfen und fein hacken. Den Knoblauch schälen und fein hacken. Kräuter (etwa ein Fünftel der Kräuter für die Deko beiseitelegen), Knoblauch und Zitronenschale mischen und die Filets damit zwischen Fischhaut und -fleisch füllen. Mit Salz würzen.

Das Olivenöl in einer Pfanne erhitzen und die Fischfilets darin bei mittlerer Hitze auf der Hautseite 3–4 Minuten anbraten. Falls sie sich beim Zusammenziehen wölben, die Filets mit einem Pfannenwender leicht herunterdrücken. Kurz vor Ende der Garzeit den Fisch wenden und auf der Fleischseite kurz nachziehen lassen.

Die Gazpacho im Standmixer oder mit dem Stabmixer fein pürieren. Mit Salz und Pfeffer abschmecken. Falls die Suppe zu dickflüssig wird, mit etwas Gemüsefond verdünnen. Die Gazpacho auf tiefe Teller verteilen, je 1 Doradenfilet darauflegen und mit den beiseitegelegten Kräutern bestreuen. Dazu passt geröstetes Brot.

CEVICHE MIT APFEL, RADIESCHEN UND WASABI-AVOCADO

Pro Portion ca. 260 kcal, 16 g EW, 12 g F, 17 g KH, 3 g BST

REICHT FÜR 4 | ZUBEREITUNG: 40 MIN.

Für die Wasabi-Avocado:
1 Avocado
Saft von 1 Limette
1–2 Msp. Wasabipaste
1 TL Honig
Meersalz
Brunnenkresse zum Garnieren

Für die Ceviche:
400 g festfleischiges Fischfilet (ohne Haut; z. B. Dorade, Loup de Mer, Meeräsche)
Meersalz | Pfeffer aus der Mühle
1 rote Zwiebel
1 Msp. fein gehackter Ingwer
1 Msp. fein gehackte Chilischote
1 TL Honig
Saft von 3 Limetten
2 EL Olivenöl
2–3 EL Kokosmilch
1 roter Apfel (z. B. Elstar oder Boskop)
½ Bund Radieschen
5 Stiele Koriandergrün

Für die Wasabi-Avocado die Avocado der Länge nach halbieren und den Kern entfernen. Das Fruchtfleisch mit einem Löffel aus der Schale lösen und in einen hohen Rührbecher geben. Limettensaft, Wasabipaste, Honig und 1 Prise Meersalz dazugeben. Alles mit dem Stabmixer so kurz wie möglich cremig pürieren. Wer keinen Stabmixer hat, zerdrückt das Fruchtfleisch mit einer Gabel. Die Creme abgedeckt mindestens 15 Minuten kühl stellen.

Währenddessen für die Ceviche den Fisch waschen, mit Küchenpapier trocken tupfen und auf Gräten prüfen. Vorhandene Gräten herausziehen. Das Fischfleisch in gleichmäßige Würfel schneiden, leicht mit Meersalz und Pfeffer würzen und ziehen lassen. Die Zwiebel schälen, in feine Würfel schneiden und mit Ingwer und Chili unter den Fisch mischen. Den Honig im Limettensaft auflösen, dann mit Olivenöl und Kokosmilch verrühren. Die Mischung über den Fisch geben, alles gut vermengen und mindestens 10 Minuten ziehen lassen.

In der Zwischenzeit den Apfel waschen, vierteln, entkernen und in kleine Würfel schneiden. Die Radieschen putzen, waschen und ohne Stiel- und Wurzelansatz ebenfalls fein würfeln. Den Koriander waschen und trocken schütteln. Die Blätter abzupfen, fein hacken und mit den Apfel- und Radieschenwürfeln unter den Fisch heben. Die Brunnenkresse verlesen, waschen und trocken schleudern.

Ceviche auf Teller verteilen und 1 Klecks Wasabi-Avocado daraufsetzen. Mit Brunnenkresse garnieren.

MATJESTATAR MIT EINGELEGTER ROTER BETE

Pro Portion ca. 610 kcal, 24 g EW, 42 g F, 28 g KH, 4 g BST

REICHT FÜR 4 | ZUBEREITUNG: 30 MIN. + 45–60 MIN. GAREN

Für die Roten Beten:
300 g Rote Beten
500 g Meersalz + etwas mehr zum Würzen
2 EL Olivenöl
1 Knoblauchzehe
1 kleine rote Chilischote
½ l Rote-Bete-Saft | ½ l Apfelessig
2 EL brauner Zucker
2 TL Senfsamen | 1 TL Koriandersamen
1 Sternanis | 1 Lorbeerblatt
5 schwarze Pfefferkörner | Salz

Für das Tatar:
8 Matjesfilets
1 Apfel
½ roter Rettich
1 rote Zwiebel
3 EL Olivenöl
Saft von 1 Zitrone
Salz | Pfeffer aus der Mühle
1 Handvoll Basilikumblätter

Den Backofen auf 160 °C Ober-/Unterhitze vorheizen. Für die Roten Beten die Knollen putzen und waschen, ohne die Schale zu verletzen. Das Meersalz auf einem Backblech verteilen, die Knollen darauflegen und mit dem Olivenöl beträufeln. Das Blech mit Alufolie abdecken und die Knollen im vorgeheizten Ofen auf der mittleren Schiene je nach Größe 45–60 Minuten garen.

Inzwischen den Knoblauch schälen. Chilischote längs halbieren, entkernen, waschen und mit dem Knoblauch fein würfeln. Rote-Bete-Saft, Apfelessig, Chili, Knoblauch, Zucker, Senf- und Koriandersamen, Sternanis, Lorbeer, Pfefferkörner und ½ TL Salz aufkochen.

Die gegarten Beten aus dem Ofen nehmen, leicht abkühlen lassen, schälen und in etwa 5 mm dünne Scheiben schneiden. Die Rote-Bete-Scheiben in eine flache Auflaufform schichten, mit dem kochend heißen Rote-Bete-Sud übergießen und bei Zimmertemperatur langsam auskühlen lassen (siehe Tipp).

Für das Tatar den Matjes in kleine Würfel schneiden. Den Apfel waschen, vierteln und entkernen. Den Rettich putzen und waschen. Die Zwiebel schälen. Apfel, Rettich und Zwiebel ebenfalls in kleine Würfel schneiden. Alles mit Olivenöl und Zitronensaft in einer Schüssel mischen. Mit Salz und Pfeffer abschmecken. Die Basilikumblätter waschen und trocken tupfen.

Die Rote-Bete-Scheiben auf Teller verteilen, das Matjestatar darauf anrichten und mit den Basilikumblättern garnieren. Dazu passen geröstete Pumpernickelscheiben.

Tipp: Die Roten Beten kann man natürlich auch in ein steriles Einmachglas geschichtet mit dem kochend heißen Sud übergießen. Das Glas sofort verschließen und die eingeweckten Beten anderweitig verwenden. Fest verschlossen und an einem dunklen Ort gelagert, halten sie sich so 3–6 Monate.

LC

KARTOFFELPIZZA MIT RÄUCHERLACHS

Pro Portion ca. 860 kcal, 33 g EW, 67 g F, 31 g KH, 2 g BST

Der Trick an diesem Rezept ist der Filoteig, der die Pizza wunderbar knusprig macht und den Carb-Anteil im Vergleich zu einem Hefeteig weiter reduziert.

REICHT FÜR 2 | ZUBEREITUNG: 20 MIN. + CA. 15 MIN. BACKEN

1 Knoblauchzehe
50 ml Olivenöl
200 g Kartoffeln
1 Handvoll bunte Cocktailtomaten
50 g Pecorino
2 EL Butter
2 Blätter Filoteig (aus dem Kühlregal)
Salz
1 Handvoll Feldsalat
100 g Ziegenfrischkäse
6–8 Scheiben Räucherlachs
einige Spritzer Zitronensaft
Pfeffer aus der Mühle
bestes Olivenöl zum Beträufeln

Den Backofen auf 160 °C Umluft (180 °C Ober-/Unterhitze) vorheizen. Den Knoblauch schälen, in feine Würfel schneiden und mit dem Olivenöl mischen. Die Kartoffeln schälen und auf dem Gemüsehobel in sehr feine Scheiben schneiden. Die Cocktailtomaten waschen, trocken tupfen und halbieren. Den Pecorino fein reiben. Die Butter bei schwacher Hitze in einem kleinen Topf zerlassen.

Zuerst die Filoteigblätter vorsichtig ausrollen. 1 Blatt auf ein mit Backpapier belegtes Blech legen. Das Teigblatt vorsichtig mit wenig Butter bestreichen. Das nächste Teigblatt darauflegen und ebenfalls mit Butter bestreichen. Den Teig mit den Kartoffelscheiben leicht überlappend belegen. Die Ränder nach innen hin so umschlagen, dass eine runde oder ovale Pizzaform entsteht. Die Kartoffeln mit etwas Knoblauchöl beträufeln und mit 1 Prise Salz würzen.

Die Pizza im vorgeheizten Ofen auf der mittleren Schiene 5–8 Minuten backen. Inzwischen den Feldsalat verlesen, putzen, gründlich waschen und trocken schleudern. Die Pizza aus dem Ofen nehmen, den Ziegenfrischkäse in kleinen Tupfen darauf verteilen, die Tomatenhälften dazwischen verteilen und mit dem Pecorino bestreuen. Die Pizza weitere 5–6 Minuten backen.

Die Pizza aus dem Ofen nehmen und 2 Minuten abkühlen lassen, dann mit Lachs und Feldsalat belegen. Mit ein paar Spritzern Zitronensaft und 1 Prise Pfeffer würzen und mit einigen Tropfen Olivenöl verfeinert servieren.

Tipp: Wer zum ersten Mal etwas im Backofen zubereitet, sollte den Ofen gegen Ende der Backzeit immer im Auge behalten. Jeder Backofen ist anders und angegebene Zeiten können immer nur eine Orientierung sein.

LC

Das gönn ich mir

LACHSFORELLE IM SALZTEIG

Pro Portion ca. 280 kcal, 43 g EW, 6 g F, 9 g KH, 6 g BST

Das Garen in der Salzkruste ist für mich immer wieder der absolute Hammer! Unter dem Salz werden alle Aromen eingeschlossen, und wenn man schließlich die Kruste aufschlägt, gibt's die volle Geschmackspower!

REICHT FÜR 2 | ZUBEREITUNG: 20 MIN. + 35–40 MIN. GAREN

1 Lachsforelle (1,2–1 ½ kg)
Pfeffer aus der Mühle
★ 2 Fenchelknollen
1 Bio-Zitrone
6 Zweige Thymian
3 Eiweiß
2 kg grobes Meersalz
Olivenöl zum Einfetten

Den Backofen auf 180 °C Umluft (200 °C Ober-/Unterhitze) vorheizen. Den Fisch gründlich waschen und mit Küchenpapier trocken tupfen. Innen mit Pfeffer würzen. Den Fenchel putzen, waschen und halbieren, den harten Strunk entfernen. 1 Knolle in Stücke schneiden, die Hälften der zweiten Knolle in feine Scheiben schneiden. Die Zitrone heiß waschen, kräftig trocken reiben und in grobe Stücke schneiden. Den Thymian waschen und trocken schütteln. Die Lachsforelle mit Fenchelstücken, Zitrone und 2 Thymianzweigen füllen.

Die Eiweiße leicht schaumig schlagen. Das nasse Meersalz mit den Eiweißen zu einer gut formbaren Masse vermengen. Ein Backblech mit Olivenöl leicht einfetten. Die Hälfte des Salzes in Fischform daraufgeben. Auf dem Salz die Hälfte der Fenchelscheiben und 2 Zweige Thymian zu einem kleinen Bett ausbreiten. Den Fisch darauflegen und den restlichen Fenchel und Thymian darauf verteilen. Den Fisch komplett mit der restlichen Meersalzmasse bedecken und in Form bringen. Lachsforelle im vorgeheizten Ofen auf der mittleren Schiene 35–40 Minuten garen.

Den Fisch in der Salzkruste servieren und erst am Tisch die Kruste mit dem Griff eines schweren Messers vorsichtig aufklopfen (siehe Tipp). Den Fisch filetieren, auf Teller verteilen und servieren. Dazu passen Kartoffeln oder auch eine Scheibe Brot.

Tipp: Achtung! Das Fischfleisch sollte nicht mit dem Salz in Berührung kommen. Nur die Haut! Sonst kann es zu salzig werden. Also: den Bauch gut verschließen!

★ Healthy Hint ★

Kaum einer weiß, dass der Vitamin-C-Gehalt von Fenchel fast doppelt so hoch ist wie der von Orangen. Dass Fenchel nicht nur gut schmeckt, sondern auch als Heilpflanze seine Wirkung entfaltet, wussten allerdings schon die alten Griechen und Römer. Für den süßlichen, anisartigen Geschmack der Knollen ist das ätherische Öl Anethol verantwortlich, das zusammen mit dem ebenfalls enthaltenen Fenchon krampf- und schleimlösend sowie verdauungsfördernd wirkt.

IN KOKOSMILCH POCHIERTER FISCH MIT MANGOLD

Pro Portion ca. 520 kcal, 43 g EW, 32 g F, 10 g KH, 4 g BST

REICHT FÜR 4 | ZUBEREITUNG: 50 MIN.

Für den Fisch:
4 Kabeljaufilets (à 200 g)
1–2 EL glutenfreie Sojasauce
½ l Kokosmilch
Meersalz | 1 TL Honig
½ rote Chilischote
1 Knoblauchzehe
2 Stiele Koriandergrün
1 Stängel Zitronengras
Saft von 1 Limette

Für den Mangold:
1–2 Schalotten
½ Knoblauchzehe
1 Bund roter Mangold
1 EL Olivenöl
1–2 TL Honig
1 Spritzer Limettensaft
Salz
Pfeffer aus der Mühle

Den Backofen auf 120 °C Umluft vorheizen. Für den Fisch die Kabeljaufilets waschen, mit Küchenpapier trocken tupfen und auf Gräten prüfen. Vorhandene Gräten herausziehen. Die Fischfilets in eine ofenfeste Form legen, mit Sojasauce beträufeln und 5 Minuten ziehen lassen. Die Kokosmilch mit Meersalz und Honig abschmecken und über den Fisch gießen.

Die Chilischote längs halbieren, entkernen, waschen und ohne Stielansatz in feine Würfel schneiden. Den Knoblauch schälen und ebenfalls fein würfeln. Den Koriander waschen und trocken schütteln, die Blätter abzupfen und fein hacken. Vom Zitronengras die welken äußeren Blätter und die obere trockene Hälfte entfernen. Den Stängel mit dem Griff eines schweren Messers ein wenig flach klopfen. Zitronengras, Chili, Knoblauch, Koriander und Limettensaft zum Fisch geben. Im vorgeheizten Ofen auf der mittleren Schiene 25–30 Minuten garen.

In der Zwischenzeit für den Mangold die Schalotten und den Knoblauch schälen und in feine Würfel schneiden. Den Mangold putzen, waschen und die Blätter von den Stielen trennen. Die Blätter in Streifen, die Stiele in Rauten schneiden.

Das Olivenöl in einer Pfanne erhitzen, Schalotten und Knoblauch darin bei mittlerer Hitze 4 Minuten glasig andünsten. Die Mangoldstiele dazugeben und 2 Minuten mitdünsten, dann die Blätter 1 Minute mitgaren. Das Gemüse mit Honig, Limettensaft, Salz und Pfeffer abschmecken.

Zum Servieren den Mangold auf Teller verteilen, jeweils ein Kabeljaufilet anlegen und mit Sauce beträufeln. Alternativ den Fisch in der Form servieren. Dazu passen Süßkartoffeln aus dem Ofen, allerdings ist das Gericht dann nicht mehr Low Carb.

LC

GEBRATENER SKREI MIT STECKRÜBEN-ROSENKOHL-CURRY

Pro Portion ca. 780 kcal, 37 g EW, 56 g F, 24 g KH, 11 g BST

REICHT FÜR 4 | ZUBEREITUNG: 30 MIN. + 25 MIN. GAREN

Für das Curry:
1 kg Steckrüben | 500 g Rosenkohl
4 Schalotten | 2–3 Knoblauchzehen
2 EL Olivenöl
½ EL Currypaste | 2 TL Currypulver
750 ml Kokosmilch
2 Stängel Zitronengras (nach Belieben)
1 haselnussgroßes Stück Ingwer (nach Belieben)
Salz | Pfeffer aus der Mühle

Für den Fisch:
4 Skreifilets (à 180 g; mit Haut)
Salz
1–2 EL Olivenöl
Pfeffer aus der Mühle

Für das Curry die Steckrüben putzen, schälen – dabei holzige Stücke entfernen – und in etwa 2 x 2 cm große Würfel schneiden. Den Rosenkohl putzen und waschen. Die äußeren Blätter und die Stielansätze entfernen, die Blätter einzeln abzupfen. Schalotten und Knoblauch schälen und in feine Ringe oder Scheiben schneiden.

In einem Topf das Olivenöl erhitzen, Steckrüben, Schalotten und Knoblauch darin bei mittlerer Hitze kurz andünsten. Currypaste und -pulver einrühren. Nach etwa 5 Minuten die Kokosmilch angießen und alles bei schwacher Hitze weitere 10 Minuten köcheln lassen.

Nach Belieben das Zitronengras fein hacken, den Ingwer schälen (siehe Tipp S. 104) und fein würfeln. Beides zum Gemüse geben. Die Temperatur reduzieren und alles bei ganz schwacher Hitze weitere 10–15 Minuten ziehen lassen. Kurz vor dem Servieren die Rosenkohlblätter unterheben und zugedeckt 3–4 Minuten mit ziehen lassen. Mit Salz und Pfeffer abschmecken.

Für den Fisch die Skreifilets waschen, trocken tupfen und auf Gräten prüfen. Vorhandene Gräten herausziehen. Mit Salz würzen, mit etwas Olivenöl beträufeln und 5 Minuten ziehen lassen. In einer Pfanne das Olivenöl erhitzen und den Fisch darin auf der Hautseite bei starker Hitze 2 Minuten anbraten. Die Temperatur reduzieren und den Fisch bei schwacher bis mittlerer Hitze weitere 4–6 Minuten braten. Dann wenden, 1 Minute auf der Fleischseite ziehen lassen und mit Pfeffer würzen. Das Curry noch einmal mit Salz abschmecken.

Das Steckrübencurry auf Schalen oder tiefe Teller verteilen und den Fisch mit der Hautseite nach oben darauf anrichten. Dazu passt das Petersilien-Pesto mit Walnusskernen (siehe S. 70).

Tipp: Skrei ist ein anderer Name für den Winterkabeljau, der von Januar bis April vornehmlich in Norwegen gefangen wird. Sein hellweißes Fleisch ist besonders mager und fest.

Hausmannskost
goes Asia

LECKER FISCH

Fisch ist für die gesunde Ernährung wichtig und steht im Idealfall ein- bis zweimal wöchentlich auf dem Speiseplan. Gerade fette Fische wie Lachs, Makrele und Hering liefern die für unsere Gesundheit so wichtigen essenziellen Fettsäuren, die unser Körper nicht selbst produzieren kann. In Zeiten zunehmender Überfischung der Meere und wachsender Schadstoffbelastung sollte man beim Kauf aber unbedingt auf Herkunft und Fangmethoden achten.

Fisch ist megagesund!
Wer sich gesund und ausgewogen ernährt, kann nur schlecht auf Fisch verzichten. Die Deutsche Gesellschaft für Ernährung empfiehlt, 150 bis 220 Gramm Fisch pro Woche zu verzehren. Denn Fischöle zählen zu den „guten Fetten". Die darin reichlich enthaltenen ungesättigten Omega-3-Fettsäuren, die unser Körper nur über die Nahrung bekommt, stärken das Herz-Kreislauf-System und das Gehirn. Fisch liefert außerdem hochwertiges Eiweiß sowie die Vitamine B_{12} und D, die in anderen Lebensmitteln nur in geringen Mengen vorkommen. Vor allem enthält er in nennenswertem Maße Jod, das für die Funktion der Schilddrüse wichtig ist.

Wo und wie kaufe ich Fisch?
Die Nachrichten von der zunehmenden Überfischung der Weltmeere lassen einen beim Fischkauf zwangsläufig zögern, denn die Unsicherheit, was man überhaupt noch mit gutem Gewissen essen kann, steigt. Grundsätzlich sollte man es zunächst wie mit den „Superfoods" machen und sich an Fische aus heimischen Gewässern halten, die nicht über weite Wege aus tropischen Meeresregionen zu uns gebracht worden sind. Was die Fangmethode angeht, sollte sie so nachhaltig wie möglich sein. Je weniger Beifang die Netze führen, desto schonender ist die Methode. Ein guter Fischhändler sollte darüber ebenso Auskunft geben können wie über die Unbedenklichkeit der jeweiligen Art. Ist dann endlich der richtige Fisch gefunden, soll er natürlich auch frisch sein. Wirklich frischen Fisch im Ganzen erkennt man an seinen klaren Augen und dem festen Fleisch, das sich, wenn man es leicht mit dem Daumen eindrückt, sofort wieder glättet. Die Kiemen sollten leuchten. Bei Fischfilet ist das natürlich schon schwieriger. Hier ist entscheidend, dass das Fleisch nur einen dezenten Geruch nach Algen und Meer hat, auf keinen Fall sollte es richtig „fischig" riechen.

» Was die Fische im Wasser wärmt, ist auch für uns superwichtig. Omega-3- und Omega-6-Fettsäuren stimulieren unsere Abwehrkräfte. Außerdem sorgt Vitamin D in der kalten Jahreszeit anstelle der Sonne für gute Laune. «

Welche Arten sind zu empfehlen?
Grundsätzlich kann man sagen: Je fetter der Fisch, umso gesünder ist er für uns. Der Fettgehalt der Tiere wiederum ist abhängig von Art und biologischem Reifezyklus. Wir hier oben im Norden haben es wegen der Nähe zur See hinsichtlich Auswahl und Frische sicherlich etwas leichter als Menschen, die weiter südlich in der Republik wohnen. Sofern kein Salzwasserfisch verfügbar ist, finden sich ganz bestimmt gute Alternativen im Bereich der Süßwasserfische.

Fette Fische, die man unbedenklich kaufen kann, sind Lachs, Sardellen, Sardinen, Makrelen, Hering und Forelle. Hinzu kommen eingeschränkt Thunfisch und norwegischer Winterkabeljau, der auch als „Skrei" verkauft wird. Ihn kann man im Gegensatz zum gewöhnlichen Kabeljau wegen der schonenden Fangmethoden ohne Bedenken genießen. Denn neben aller Berücksichtigung von ökologischen und gesundheitlichen Aspekten soll der Fischverzehr doch vor allem auch Genuss bereiten!

CURRY-FISCHFRIKADELLEN MIT JOGHURTDIP

Pro Portion ca. 520 kcal, 34 g EW, 38 g F, 11 g KH, 1 g BST

REICHT FÜR 4 | ZUBEREITUNG: 45 MIN.

Für die Frikadellen:
600 g festfleischiges Fischfilet (z. B. Zander, Lachs, Meeräsche, Dorade; ohne Haut)
100 g gekochte Kartoffeln (vom Vortag)
1 kleine rote Zwiebel
1 Knoblauchzehe
1 rote Chilischote
1 Bund Schnittlauch
3 EL Olivenöl
1 TL Currypulver
2 Eigelb
1 TL Senf
Salz | Pfeffer aus der Mühle
Basilikumblätter zum Garnieren (nach Belieben)

Für den Joghurtdip:
200 g griech. Joghurt (10 % Fett)
1 EL Agavendicksaft
2 EL Olivenöl
Saft von 1 Zitrone
1 Msp. fein gehackte Chilischote
Salz | Pfeffer aus der Mühle

Den Backofen auf 120 °C Umluft (140 °C Ober-/Unterhitze) vorheizen. Für die Frikadellen das Fischfilet waschen, mit Küchenpapier trocken tupfen und auf Gräten prüfen. Vorhandene Gräten herausziehen. Das Fischfleisch in grobe Würfel schneiden und durch den Fleischwolf drehen oder mit einem großen Messer fein hacken.

Die gekochten Kartoffeln pellen und durch die Presse drücken oder fein zerstampfen. Zwiebel und Knoblauch schälen und in feine Würfel schneiden. Die Chilischote längs halbieren, entkernen, waschen und fein hacken. Den Schnittlauch waschen, trocken schütteln und in feine Röllchen schneiden.

In einer kleinen Pfanne 1 EL Olivenöl erhitzen. Zwiebel, Knoblauch, Chili und Currypulver darin bei mittlerer Hitze 1 Minute andünsten. Fisch und Kartoffeln in einer Schüssel mischen. Die Zwiebelmischung hinzufügen. Die Eigelbe, die Hälfte des Schnittlauchs und den Senf dazugeben. Alles gut vermischen. Mit Salz und Pfeffer abschmecken (siehe Tipps).

Aus der Fischmasse mit leicht angefeuchteten Händen 12 gleich große Frikadellen formen. Das restliche Olivenöl in einer Pfanne erhitzen und die Frikadellen darin bei mittlerer Hitze auf jeder Seiten etwa 2 Minuten goldgelb anbraten. Die Fischfrikadellen in einer flachen Auflaufform oder auf einem mit Backpapier belegten Blech im vorgeheizten Ofen auf der mittleren Schiene etwa 7 Minuten fertig garen.

In dieser Zeit für den Dip alle Zutaten verrühren und den Dip mit Salz und Pfeffer abschmecken.

Auf jedem Teller 1 Klecks Joghurtdip kreisförmig ausstreichen, die Frikadellen darauflegen und nach Belieben mit Basilikumblättern garniert servieren.

Tipps: Wenn man die Frikadellenmasse vor dem Braten 1 Stunde in den Kühlschrank stellt, bindet das Eiweiß besser. Wer den Joghurtdip etwas fester mag, kann ihn vor der Verarbeitung einige Stunden auf einem Tuch abtropfen lassen.

LC

GEWÜRZLACHS MIT WILDKRÄUTERSALAT

Pro Portion ca. 450 kcal, 31 g EW, 32 g F, 8 g KH, 1 g BST

REICHT FÜR 4 | ZUBEREITUNG: 40 MIN.

Für den Fisch:
½ Bund Petersilie
½ Bund Koriandergrün
½ rote Zwiebel
abgeriebene Schale und Saft von 1 Bio-Zitrone
1 TL Baharat (Gewürzmischung; siehe Rezept S. 72)
1 Msp. geräuchertes Paprikapulver
½ TL brauner Zucker
Meersalz | 2 EL Olivenöl
★ 4 Lachsfilets (à 150 g)

Für den Salat:
2 Handvoll Wildkräutersalat
Saft von 2 Zitronen
4 EL Olivenöl
1 EL Honig
Salz
Pfeffer aus der Mühle

Den Backofen auf 100 °C Umluft (120 °C Ober-/Unterhitze) vorheizen. Für den Fisch Petersilie und Koriander waschen, trocken schütteln und die Blätter abzupfen. Die Zwiebel schälen und fein würfeln. Petersilie, Koriander und Zwiebel mit Zitronenschale und -saft, Baharat, Paprikapulver, braunem Zucker, 1 gestrichenen TL Meersalz und dem Olivenöl im Blitzhacker oder mit dem Stabmixer fein pürieren.

Den Lachs waschen, mit Küchenpapier trocken tupfen und auf Gräten prüfen. Vorhandene Gräten herausziehen. Den Lachs mit der Marinade einstreichen und in eine flache Auflaufform legen. Die Form mit Backpapier abdecken und den Fisch im vorgeheizten Ofen auf der mittleren Schiene 20 Minuten garen.

Inzwischen den Wildkräutersalat verlesen, waschen und trocken schleudern. Große Blätter in mundgerechte Stücke zupfen. Zitronensaft, Olivenöl und Honig verquirlen, das Dressing mit Salz und Pfeffer abschmecken. Kurz vor dem Anrichten den Salat mit dem Dressing marinieren.

Den Lachs mit dem Wildkräutersalat auf Tellern anrichten. Dazu passt ein Avocadomus (siehe S. 32), das man jeweils als Klecks auf den Tellern ausstreichen kann. Darauf wird dann der Lachs gelegt. Aber auch ein Kartoffelstampf (siehe S. 110) passt sehr gut dazu.

★ Healthy Hint ★

Lachs gehört zu den fetten Fischen, hat aber einen besonders hohen Anteil an mehrfach ungesättigten Omega-3-Fettsäuren, die sich positiv auf den Cholesterinspiegel auswirken, den Blutdruck senken sowie entzündungshemmend sind (siehe auch S. 126).

LC

MAKRELE AUS DEM OFEN MIT GRÜNKOHLSALAT

Pro Portion ca. 480 kcal, 42 g EW, 32 g F, 5 g KH, 4 g BST

Die Makrele – der Thunfisch des Nordens – ist für mich ein völlig unterbewerteter Fisch und dank seines hohen Vitamin-D-Gehalts super gegen den Winterblues. Wer die Chance hat, welchen mit MSC-Siegel zu bekommen, greift bitte direkt zu.

REICHT FÜR 4 | ZUBEREITUNG: 30 MIN.

Für den Fisch:
4–8 Makrelenfilets
2–3 EL Teriyakisauce
1 Spritzer Zitronensaft
1 Spritzer Olivenöl
Pfeffer aus der Mühle

Für den Salat:
400 g Grünkohl ★
30–50 ml Teriyakisauce
Saft von 1 Zitrone
2–3 EL Olivenöl
1 Prise Baharat (Gewürzmischung; siehe Rezept S. 72)
Salz | Pfeffer aus der Mühle

Den Backofen auf 120 °C Umluft (140 °C Ober-/Unterhitze) vorheizen. Für den Fisch die Makrelenfilets auf Gräten prüfen und vorhandene Gräten herausziehen. Teriyakisauce, Zitronensaft, Olivenöl und 1 Prise Pfeffer verrühren. Die Filets auf einem mit Backpapier belegten Blech verteilen und mit der Würzsauce bestreichen. Den Fisch im vorgeheizten Ofen auf der mittleren Schiene etwa 7 Minuten garen.

Inzwischen den Grünkohl verlesen, waschen und trocken schütteln. Die Blätter von den dicken Rispen schneiden und in mundgerechte Stücke zupfen. Den Kohl zwischen zwei sauberen Küchenhandtüchern ausdrücken, dann mit Teriyakisauce, Zitronensaft, Olivenöl und Baharat vermischen. Den Salat mit den Händen 5 Minuten kräftig durchkneten. Mit Salz und Pfeffer abschmecken.

Den Salat auf Teller verteilen und die Makrelenfilets daneben anrichten. Dazu passen sehr gut Schwarzwurzeln im Pergament (siehe S. 70).

★ Healthy Hint ★
Als Kale hat sich der besonders in Norddeutschland beliebte Grünkohl in den letzten Jahren in den USA zum Superfood gemausert. Völlig zu Recht, denn Grünkohl enthält große Mengen an Zink, Magnesium, Vitamin C und K sowie viele antioxidativ wirkende Pflanzenstoffe.

KNUSPERGARNELEN MIT BLUMENKOHL-COUSCOUS

Pro Portion ca. 520 kcal, 28 g EW, 32 g F, 25 g KH, 8 g BST

REICHT FÜR 4 | ZUBEREITUNG: 40 MIN.

Für die Garnelen:
12 Garnelen (Größe 8/12; ohne Kopf und Schale)
1 Knoblauchzehe
1 Msp. fein geschnittene Chilischote
Salz | Pfeffer aus der Mühle
½ Bund Koriandergrün
4 große festkochende Kartoffeln
Olivenöl zum Ausbacken

Für den Couscous:
1 Blumenkohl | 2 Tomaten
1 rote Zwiebel | 1 Knoblauchzehe
½ Bund Petersilie
2 EL Olivenöl
Saft von 1 Zitrone
1 TL Honig
1 TL Ras-el-Hanout

Die Garnelen am Rücken entlang einschneiden und den Darm vorsichtig herausziehen. Die Garnelen waschen und trocken tupfen. Den Knoblauch schälen und fein reiben. Die Garnelen mit Knoblauch, Chili, Salz und Pfeffer würzen. Den Koriander waschen, trocken schütteln, die Blätter abzupfen und fein hacken.

Die Kartoffeln schälen, im Spiralschneider zu langen Kartoffelspaghetti drehen und die Garnelen ganz eng darin einwickeln. Reichlich Olivenöl in einem Topf erhitzen und die Garnelen darin portionsweise 4–5 Minuten knusprig ausbacken. Mit einem Schaumlöffel herausheben und auf Küchenpapier abtropfen lassen. Mit Salz würzen.

Für den Couscous den Blumenkohl putzen, waschen, vom Strunk befreien und in Röschen teilen. Die Röschen im Standmixer oder in der Küchenmaschine zu grobem Grieß zerkleinern. Die Tomaten waschen, vierteln, entkernen und in kleine Würfel schneiden, dabei den Stielansatz entfernen. Zwiebel und Knoblauch schälen und fein würfeln. Die Petersilie waschen und trocken schütteln, die Blätter abzupfen und fein hacken.

1 EL Olivenöl in einer Pfanne erhitzen und den Blumenkohl darin bei mittlerer Hitze mit Zwiebel und Knoblauch andünsten. Tomaten und Petersilie untermischen und das Ganze mit restlichem Olivenöl, Zitronensaft, Honig und Ras-el-Hanout abschmecken.

Den Blumenkohl-Couscous mit einem Vorspeisenring (8 cm Ø) auf den Tellern anrichten, die Garnelen darauflegen und mit Koriandergrün garniert servieren.

Tipp: Man kann die Kartoffeln auch fein reiben. Die Raspeln salzen, kurz ruhen lassen und ausdrücken. 1 EL Speisestärke dazugeben und die Kartoffelmasse mit Koriander, Knoblauch, Chili und Pfeffer würzen. Jede Garnele mit einer kleinen Portion Kartoffelmasse ummanteln und wie zuvor beschrieben braten.

LC

Beeindruckt Gäste

SCHOLLENFILET MIT SPECKERBSEN UND MINZGREMOLATA

Pro Portion ca. 510 kcal, 44 g EW, 26 g F, 21 g KH, 7 g BST

Die Kombination aus Fisch, Erbsen und Gremolata ist superausgewogen. Der Fisch liefert wertvolle Proteine und Fettsäuren, die Erbsen bringen viele langsame Kohlenhydrate, aber auch – wie Petersilie und Minze – sekundäre Pflanzenstoffe mit.

REICHT FÜR 4 | ZUBEREITUNG: 45 MIN.

Für die Gremolata:
½ Bund Petersilie
½ Bund Minze
1 Knoblauchzehe
1 EL Honig
abgeriebene Schale und Saft von 1 Bio-Zitrone
3–4 EL Olivenöl
Meersalz
Pfeffer aus der Mühle

Für die Erbsen:
1 ½ kg Erbsen in der Schote (oder 500 g gepalte Erbsen)
4 kleine Schalotten
75 g durchwachsener Speck | 1 EL Olivenöl
Kokosblütenzucker (nach Belieben)
Meersalz | Pfeffer auf der Mühle

Für die Scholle:
750 g Schollenfilets
Meersalz | 2 EL Olivenöl

Für die Gremolata Petersilie und Minze waschen und trocken schütteln, die Blätter abzupfen und fein hacken. Den Knoblauch schälen und in feine Würfel schneiden, dann mit Honig, Zitronenschale und Olivenöl im Mörser zerreiben. Die Knoblauchmischung in einer Schüssel mit den Kräutern mischen und die Gremolata mit 1 Spritzer Zitronensaft sowie Meersalz und Pfeffer abschmecken. Die Gremolata beiseitestellen.

Die Erbsen aus den Schoten lösen und in kochendem Salzwasser 2 Minuten blanchieren. Die Kerne in ein Sieb abgießen, kalt abschrecken und gut abtropfen lassen. Die Schalotten schälen und in feine Würfel schneiden. Den Speck ebenfalls in Würfel schneiden. Das Olivenöl in einer Pfanne erhitzen, Speck und Schalotten darin bei mittlerer Hitze anbraten. Die Erbsen hinzufügen und durchschwenken, dann nach Belieben mit 1 Prise Kokosblütenzucker sowie Meersalz und Pfeffer abschmecken. Warm halten.

Die Schollenfilets waschen, mit Küchenpapier trocken tupfen und auf Gräten prüfen. Vorhandene Gräten herausziehen. Mit Meersalz würzen, mit etwas Olivenöl beträufeln und 2–3 Minuten ziehen lassen. In einer Pfanne wenig Öl erhitzen und die Schollenfilets darin bei mittlerer Hitze rundum 2–3 Minuten braten.

Zum Servieren die Speckerbsen auf Tellern anrichten, die Schollenfilets danebenlegen, mit Gremolata beträufeln und alles nach Belieben mit Minze garniert servieren. Dazu passt ein Kartoffelstampf (siehe S. 110).

LC

WOLFSBARSCH À LA BORDELAISE MIT CHICORÉE-APFEL-SALAT

Pro Portion ca. 600 kcal, 34 g E, 33 g F, 40 g KH, 4 g BST

REICHT FÜR 4 | ZUBEREITUNG: 30 MIN.

Für den Fisch:
600 g Wolfsbarschfilet (ohne Haut; alternativ Kabeljau oder Lachs)
1 Zweig Rosmarin
1 Zweig Thymian
½ Bund Petersilie + etwas mehr zum Garnieren
3–4 Schalotten
2 Knoblauchzehen
5 EL Butter
150 g Panko (asiat. Paniermehl)
Meersalz | Pfeffer aus der Mühle
2 EL grober Senf

Für den Salat:
2 Stauden Chicorée
1 Apfel (z. B. Cox Orange, Elstar oder junger Boskop)
2 EL Orangensaft
2 TL Zitronensaft
1 EL Honig
4 EL Olivenöl
Salz
Pfeffer aus der Mühle

Den Backofen auf 220 °C Umluft (240 °C Ober-/Unterhitze) vorheizen. Das Wolfsbarschfilet waschen, mit Küchenpapier trocken tupfen und auf Gräten prüfen. Vorhandene Gräten herausziehen. Das Filet in 4 gleich große Stücke teilen.

Rosmarin, Thymian und Petersilie waschen und trocken schütteln, die Nadeln bzw. Blätter abzupfen und fein hacken. Schalotten und Knoblauch schälen und in feine Würfel schneiden. In einer kleinen Pfanne 1 EL Butter erhitzen, die Schalotten- und Knoblauchwürfel darin glasig andünsten. In eine Schüssel umfüllen, dann mit den Kräutern und dem Panko mischen. Mit Meersalz und Pfeffer würzen.

Die Fischfilets auf einem mit Backpapier ausgelegten Blech verteilen, mit Meersalz und Pfeffer würzen und mit Senf bestreichen. Die Kräuter-Panko-Mischung und die restliche Butter in Flocken gleichmäßig darauf verteilen. Den Fisch im vorgeheizten Ofen auf der mittleren Schiene etwa 10 Minuten gratinieren.

Inzwischen für den Salat vom Chicorée die äußeren Blätter entfernen, die Stauden waschen und die Blätter in feine Streifen schneiden. Den Apfel waschen, vierteln, entkernen und mit Schale in feine Streifen schneiden. Für das Dressing Orangen- und Zitronensaft, Honig und Olivenöl in einem hohen Rührbecher mit Salz und Pfeffer würzen und mit dem Stabmixer aufmixen (siehe Tipp). Chicorée- und Apfelstreifen in einer Schüssel mit dem Dressing marinieren.

Den Chicorée-Apfel-Salat auf Teller verteilen und den Wolfsbarsch darauf anrichten.

Tipp: Dressings lassen sich auch gut in einem Vorratsglas mit Schraubverschluss mixen: alle Zutaten hineingeben, das Glas fest zuschrauben und kräftig schütteln. Gleichzeitig auch perfekt, um einen Salat getrennt vom Dressing ins Büro oder zum Picknick mitzunehmen.

SAIBLING MIT BROKKOLI UND PETERSILIENWURZEL-CROÛTONS

Pro Portion ca. 350 kcal, 39 g E, 17 g F, 7 g KH, 5 g BST

REICHT FÜR 4 | ZUBEREITUNG: 20 MIN. + 10 MIN. GAREN

Für die Croûtons:
2–3 Petersilienwurzeln
2 EL Olivenöl
Salz

Für das Gemüse:
1 Brokkoli (500 g)
2 rote Zwiebeln
1 Knoblauchzehe
1 haselnussgroßes Stück Ingwer
1 EL Olivenöl
2 TL Teriyakisauce
1 TL Sesamsamen
Salz

Für den Fisch:
4 Saiblingsfilets (à 180 g)
Salz
2 EL Olivenöl
Pfeffer aus der Mühle

Den Backofen auf 100 °C Umluft (120 °C Ober-/Unterhitze) vorheizen. Für die Croûtons die Petersilienwurzeln schälen und in etwa 5 x 5 mm große Würfel schneiden. Das Olivenöl in einem Topf erhitzen und die Petersilienwurzeln darin bei mittlerer Hitze etwa 5 Minuten knusprig rösten. Die Croûtons auf Küchenpapier abtropfen lassen und mit 1 Prise Salz bestreuen.

Für das Gemüse den Brokkoli putzen, waschen und in Röschen teilen. Die Röschen nach Belieben zusätzlich in breite Scheiben schneiden. Zwiebeln, Knoblauch und Ingwer schälen (siehe Tipp) und fein würfeln.

Das Olivenöl in einer Pfanne erhitzen und die Zwiebeln darin bei mittlerer Hitze glasig andünsten. Den Brokkoli dazugeben und kurz anbraten, er sollte noch bissfest sein. Den Knoblauch und die Teriyakisauce dazugeben. Abschließend Sesam und Ingwer hineinstreuen und den Brokkoli mit Salz abschmecken. Warm halten.

Für den Fisch die Saiblingsfilets waschen, mit Küchenpapier trocken tupfen und auf Gräten prüfen. Vorhandene Gräten herausziehen. Die Filets mit Salz würzen, mit Olivenöl beträufeln und etwa 5 Minuten marinieren. Eine beschichtete Pfanne erhitzen und die Saiblingfilets darin zunächst auf der Hautseite bei mittlerer bis starker Hitze etwa 5 Minuten anbraten. Den Fisch wenden und auf der Fleischseite bei schwacher Hitze nachziehen lassen. Mit Pfeffer würzen.

Die Saiblingsfilets mit dem Brokkoli auf Tellern anrichten und mit den knusprigen Petersilienwurzel-Croûtons bestreut servieren.

Tipp: Beim Ingwer die Schale nur leicht abkratzen, denn die vielen guten Nährstoffe stecken unter der Schale.

LC

FLEISCHESLUST – BEWUSSTER GENUSS VON DER WEIDE

Ich gebe offen zu: Ich bekenne mich zu meiner Fleischeslust. In jeglicher Hinsicht und solange ihr bewusst nachgegangen wird. Dieses Bewusstsein ist wichtig für eine gute Ernährung. **Zu viel Fleisch ist genauso verkehrt, wie das falsche Fleisch zu essen.** Und damit meine ich nicht, welches Teil eines Tieres in die Pfanne kommt, sondern vor allem, woher es stammt. Nachhaltigkeit zu fördern, beginnt beim Einkauf. Kleine landwirtschaftliche Betriebe in der Nähe zu unterstützen, hilft, sie am Leben zu halten, die **ständige Zunahme an Massentierhaltung ein wenig einzudämmen** und lange Transportwege zu verhindern. Aber wo findet man nachhaltig produziertes Fleisch denn noch, wenn immer mehr Metzgereien aus den Städten verschwinden? **Fahr ins Umland und such nach Hofläden,** schau dich auf Wochenmärkten um, versuche darauf zu achten, wo dein Fleisch herkommt, nämlich möglichst aus der Nähe. Ich weiß, das alles ist teurer als das fertig abgepackte Kotelett im Supermarkt, aber es bringt dir etwas Unbezahlbares: **Genuss ohne Reue.**

KRÄUTER-LANDHUHN MIT VANILLE-TOMATEN-KOMPOTT

Pro Portion ca. 510 kcal, 46 g EW, 28 g F, 15 g KH, 5 g BST

REICHT FÜR 4 | ZUBEREITUNG: 45 MIN.

Für das Kompott:
4 rote Zwiebeln
3 EL Olivenöl
1 Spritzer Apfelessig
200 ml Tomatensaft
1 Vanilleschote | 1–2 EL Honig
Meersalz | Pfeffer aus der Mühle
500 g Cocktailtomaten
einige Basilikumblätter zum Garnieren

Für das Hähnchen:
4 Hähnchenbrustfilets (à 150–180 g)
Meersalz
Pfeffer aus der Mühle
2–3 EL Olivenöl
1 Bund Petersilie (siehe Tipp)
80–100 g Mandelmehl
abgeriebene Schale von 1 Bio-Zitrone
1 Msp. fein geriebener Knoblauch

Für das Kompott die Zwiebeln schälen, in feine Streifen schneiden und in 1 EL Olivenöl andünsten. Mit dem Apfelessig ablöschen und die Flüssigkeit verkochen lassen. Den Tomatensaft dazugeben. Die Vanilleschote längs aufschneiden und das Mark mit einem spitzen Messer herauskratzen. Schote und Mark mit dem Honig zu den Zwiebeln geben und alles 20–30 Minuten zu einem sämigen Kompott einkochen.

Inzwischen den Backofen auf 120 °C Umluft vorheizen. Die Hähnchenbrustfilets waschen, mit Küchenpapier trocken tupfen und mit Meersalz und Pfeffer würzen. Das Olivenöl in einer Pfanne erhitzen, die Filets darin bei mittlerer Hitze rundum goldbraun anbraten. Dann in einer flachen Auflaufform im vorgeheizten Ofen auf der mittleren Schiene 10–12 Minuten fertig garen.

Inzwischen die Petersilie waschen und trocken schütteln, die Blätter abzupfen und fein hacken. Die Petersilie mit dem Mandelmehl, der Zitronenschale, dem Knoblauch und 1 TL Meersalz mischen.

Das Kompott mit Meersalz und Pfeffer abschmecken. Die Cocktailtomaten waschen, halbieren und dazugeben. Nochmals mit Meersalz und Pfeffer abschmecken und das restliche Olivenöl unterrühren.

Die Hähnchenbrustfilets in der Mandelpanade wälzen, die Pfanne noch einmal erhitzen und das Fleisch darin kurz nachbraten. Die Hähnchenbrustfilets in Tranchen aufgeschnitten mit dem Vanille-Tomaten-Kompott anrichten und mit Basilikum garniert servieren.

Tipp: Kräuterfans können zusätzlich zur Petersilie auch noch einige Stiele Estragon, Koriander und/oder Basilikum mit verarbeiten.

LC

BRATHÄHNCHEN DE LUXE MIT KARTOFFELSTAMPF

Pro Portion ca. 700 kcal, 55 g EW, 36 g F, 36 g KH, 4 g BST

REICHT FÜR 4 | ZUBEREITUNG: 30 MIN. + 45-50 MIN. GAREN

Für das Fleisch:
1 Brathähnchen (Maispoularde oder Bio-Huhn)
1 Zweig Rosmarin
1 TL Butter
abgeriebene Schale von 2 Bio-Zitronen
Pfeffer aus der Mühle | Meersalz

Für den Stampf:
1 kg festkochende Kartoffeln
Salz
4-6 EL Olivenöl
Pfeffer aus der Mühle
100 ml heiße Gemüsebrühe (nach Bedarf)

Für das Topping:
200 g rosa Champignons
2 Schalotten
1 EL Olivenöl
50 g fettarme Schinkenspeckwürfel
Salz
Pfeffer aus der Mühle
2 EL fein gehackte Petersilie

Den Backofen auf 160 °C Umluft (180 °C Ober-/Unterhitze) vorheizen. Für das Fleisch das Hähnchen kalt waschen, innen und außen mit Küchenpapier trocken tupfen. Den Rosmarin waschen und trocken schütteln. Die Nadeln abzupfen, fein hacken und mit Butter, Zitronenschale und 1 Prise Pfeffer mischen.

Die Haut des Hähnchens an mehreren Stellen leicht ablösen, anheben und etwas Rosmarin-Zitronen-Butter darunterschieben. Das Hähnchen außen mit Meersalz und Pfeffer würzen. Die Keulen mit Küchengarn zusammenbinden, damit die Würzbutter beim Braten nicht so leicht austreten kann.

Das Hähnchen auf dem Backofengitter im vorgeheizten Ofen auf der mittleren Schiene zunächst 30 Minuten garen, dabei eine Fettschale oder ein Blech zum Auffangen der austretenden Flüssigkeit unterschieben. Inzwischen für den Stampf die Kartoffeln gründlich waschen und mit Schale in Salzwasser etwa 25 Minuten weich garen.

Für das Fleisch nach 30 Minuten Garzeit die Temperatur auf 200 °C Umluft (220 °C Ober-/Unterhitze) erhöhen. Das Hähnchen weitere 15-20 Minuten garen, dabei mit dem aufgefangenen Bratensaft mehrfach bestreichen.

Kartoffeln abgießen, kurz ausdampfen lassen und warm schälen. Mit dem Kartoffelstampfer grob zerstampfen, das Olivenöl hinzufügen. Mit Salz und Pfeffer würzen. Falls die Kartoffelmasse zu fest ist, löffelweise etwas heiße Gemüsebrühe untermischen. Warm halten.

Für das Topping die Pilze putzen und vierteln. Schalotten schälen und in feine Würfel schneiden. Das Olivenöl in einer Pfanne erhitzen, Schalotten und Speck darin bei mittlerer Hitze andünsten. Die Pilze dazugeben und anbraten. Mit Salz und Pfeffer würzen. Die Petersilie unterheben.

Das Hähnchen aus dem Ofen nehmen, kurz abkühlen lassen und tranchieren. Mit dem Kartoffelstampf auf Tellern anrichten und mit dem Topping bedeckt servieren.

LC

NUDELSCHNECKE MIT GEFLÜGELHACKFLEISCH

Pro Portion ca. 670 kcal, 42 g EW, 33 g F, 38 g KH, 3 g BST

REICHT FÜR 4 | ZUBEREITUNG: 40 MIN. + 1 STD. KÜHLEN + 40 MIN. GAREN

Für den Nudelteig:
200 g Semola di grano duro (Hartweizengrieß) + etwas mehr zum Bestreuen
1 Eigelb
2 EL Olivenöl + etwas Öl für die Form
Salz

Für die Füllung:
1 Zwiebel
1 Knoblauchzehe
150 g Möhren
150 g Knollensellerie
2 EL Olivenöl
500 g Geflügelhackfleisch
1–2 EL Tomatenmark
300 ml Rotwein | ½ l Gemüsebrühe
2 Zweige Thymian
1 Chilischote
Salz | Pfeffer aus der Mühle
100 g frisch geriebener Parmesan

Für den Nudelteig den Hartweizengrieß in einer Schüssel mit 80 ml Wasser mischen und mit Eigelb, Olivenöl und 1 Prise Salz zu einem festen Teig verkneten. Den Teig zu einer Kugel formen, in Frischhaltefolie einwickeln und mindestens 1 Stunde kühl stellen.

Für die Füllung Zwiebel und Knoblauch schälen und in feine Würfel schneiden. Möhren und Sellerie schälen und ebenfalls fein würfeln. Das Olivenöl in einem Bräter erhitzen und das Hackfleisch darin bei starker Hitze 2–3 Minuten anbraten. Gemüse, Zwiebel, Knoblauch und Tomatenmark dazugeben und 1–2 Minuten mitbraten. Mit dem Rotwein ablöschen und etwas einkochen lassen. Die Brühe angießen und bei mittlerer Hitze etwa 15 Minuten köcheln lassen.

Den Thymian waschen und trocken schütteln. Die Blättchen abzupfen und fein hacken. Die Chilischote längs halbieren, entkernen, waschen und in sehr feine Würfel schneiden. Thymian und Chili zum Hackfleisch geben. Mit Salz und Pfeffer abschmecken. Die Masse in einem Sieb abtropfen lassen, dabei die Flüssigkeit auffangen.

Backofen auf 160 °C Umluft (180 °C Ober-/Unterhitze) vorheizen. Den Teig in 4 Portionen teilen und in der Nudelmaschine oder mit dem Nudelholz zu 1–2 mm dünnen, rechteckigen Platten (à 20 x 12 cm) ausrollen, dabei mit etwas Hartweizengrieß bestreuen.

Die Teigplatten mit der Hackfleischmasse bestreichen und von der kurzen Seite einrollen. Die Rollen in 6 cm breite Scheiben schneiden und mit der Schnittfläche nach oben dicht nebeneinander in eine gut mit Öl gefettete Auflaufform setzen. Mit der restlichen Bratenflüssigkeit übergießen und im vorgeheizten Ofen auf der mittleren Schiene 30 Minuten garen. Danach mit Parmesan bestreuen und weitere 10 Minuten goldbraun überbacken.

PORTOBELLO-ENTEN-BURGER MIT ROTKOHLSALAT

Pro Portion ca. 650 kcal, 33 g EW, 45 g F, 26 g KH, 5 g BST

Wer hätte das gedacht? Dieser Burger hat zwar einen hohen Fettanteil, ist aber ein echter Low-Carb-Kracher. Und hat außerdem noch ballaststoffreichen Rotkohl und fettgesunde Avocado zu bieten. Den solltest du dir öfter gönnen ...

REICHT FÜR 4 | ZUBEREITUNG: 30 MIN. + 1 STD. MARINIEREN + CA. 20 MIN. GAREN

Für den Salat:
¼ Rotkohl
1 haselnussgroßes Stück Ingwer
50 ml Rotweinessig
25 ml Rotwein (alternativ schwarzer Johannisbeersaft)
Saft von ½ Orange
2 EL Honig
1 EL Haselnussöl
Salz

Für den Burger:
4 Entenbrustfilets (à 150 g) | Salz
3 EL Olivenöl
4 EL Teriyakisauce
2 EL Honig
Saft von 1 Zitrone
8 Portobello-Pilze
Pfeffer aus der Mühle
1 Portion Wasabi-Avocado (siehe Rezept S. 78)
1 Handvoll Korianderblättchen

Für den Salat vom Rotkohl die äußeren Blätter entfernen, den Kopf vierteln und den harten Strunk entfernen. Die Kohlviertel in feine Streifen schneiden. Den Ingwer schälen und sehr fein würfeln, mit dem Rotkohl, den restlichen Salatzutaten und 2 TL Salz marinieren, dabei etwa 5 Minuten mit den Händen kräftig durchkneten. Den Salat abgedeckt 1 Stunde ziehen lassen.

Den Backofen auf 80 °C Umluft (100 °C Ober-/Unterhitze) vorheizen. Für den Burger die Entenbrustfilets waschen, mit Küchenpapier trocken tupfen und salzen. 1 EL Olivenöl in einer Pfanne erhitzen und das Fleisch darin auf der Hautseite 5 Minuten anbraten. Danach wenden und weitere 2 Minuten auf der Fleischseite anbraten. Teriyakisauce, Honig und Zitronensaft verrühren. Die Entenbrustfilets auf dem Backofengitter im vorgeheizten Ofen auf der mittleren Schiene 15–18 Minuten fertig garen, dabei häufiger mit der Teriyaki-Mischung bestreichen.

Inzwischen die Pilze putzen und die Stiele herausdrehen. Die Hüte mit dem übrigen Olivenöl bestreichen, mit Salz und Pfeffer würzen und in einer heißen Grillpfanne auf beiden Seiten grillen.

Zum Servieren das Fleisch in Tranchen aufschneiden. Auf vier Pilzinnenseiten Rotkohl, Fleisch, Wasabi-Avocado und Koriander verteilen und die Burger mit den restlichen Pilzen als Deckel belegen.

MARINIERTE ENTENSPIESSE MIT AVOCADOTATAR

Pro Portion ca. 690 kcal, 31 g EW, 59 g F, 9 g KH, 5 g BST

Der Clou bei diesem Rezept ist die aromatische Marinade, die ich mir aus der nordafrikanischen Küche geliehen habe: Hier heißt sie Chermoula und wird sehr gerne zu Fisch- und Fleischgerichten, aber auch zu Gemüse gereicht.

REICHT FÜR 4 | ZUBEREITUNG: 40 MIN. + 30 MIN. MARINIEREN

Für die Marinade:
1 rote Zwiebel
1 Knoblauchzehe
1 Bund Koriandergrün
1 Bund Petersilie
abgeriebene Schale und Saft von 1 Bio-Zitrone
1 TL edelsüßes Paprikapulver
1 TL gemahlener Kreuzkümmel
1 TL gemahlene Kurkuma
Salz | Pfeffer aus der Mühle
50–70 ml Olivenöl

Für die Spieße:
4 Entenbrustfilets (à 160 g)
2 EL Olivenöl + etwas Olivenöl zum Beträufeln

Für das Avocadotatar:
½ rote Zwiebel | 2 Avocados
Saft von 1 Bio-Limette
1 Msp. fein geschnittene Chilischote
Meersalz | ½ TL Honig | Leinöl (nach Belieben)
6 Cocktailtomaten
Pfeffer aus der Mühle

Für die Marinade Zwiebel und Knoblauch schälen und in feine Würfel schneiden. Die Kräuter waschen und trocken schütteln. Die Kräuterblätter mit Zwiebel, Knoblauch, Zitronenschale und -saft, Gewürzen und Olivenöl im Blitzhacker oder mit dem Stabmixer fein pürieren. Für die Spieße die Entenbrustfilets waschen, trocken tupfen und der Länge nach dritteln. Die Streifen in der Marinade wenden, mit Frischhaltefolie abdecken und 30 Minuten marinieren. Inzwischen zwölf Schaschlik-Holzspieße in lauwarmem Wasser einweichen.

Für das Avocadotatar die Zwiebel schälen und in feine Würfel schneiden. Die Avocados halbieren und den Stein entfernen. Die Hälften schälen, in feine Würfel schneiden und sofort mit etwas Limettensaft beträufeln. Chili, Meersalz, Honig, restlichen Limettensaft, Zwiebel und nach Belieben etwas Leinöl verrühren und vorsichtig unter die Avocadowürfel heben. Die Cocktailtomaten waschen, halbieren und mit Meersalz und Pfeffer würzen.

Das abgetropfte Fleisch wellenförmig auf die trocken getupften Holzspieße schieben (wer's leichter mag, entfernt vorher das Fett). Das Olivenöl in einer Pfanne erhitzen und das Fleisch darin bei mittlerer Hitze auf beiden Seiten jeweils 3–4 Minuten anbraten. Dabei darf die Marinade dunkel, aber nicht schwarz werden.

Die Spieße mit dem Avocadotatar und den Tomaten auf Tellern anrichten. Vor dem Servieren alles mit etwas Olivenöl beträufeln.

STRAMMER MAX MIT GERÄUCHERTER GÄNSEBRUST

Pro Portion ca. 490 kcal, 30 g EW, 29 g F, 53 g KH, 6 g BST

Meine Art, den Klassiker zu interpretieren: Mit einem pochierten Ei und Gänsebrust anstelle von schnödem Schinken wird der gute alte Landküchen-Liebling zur De-luxe-Version.

REICHT FÜR 4 | ZUBEREITUNG: 20 MIN. + 20 MIN. GAREN

Für Fleisch und Brot:
400 g geräucherte Gänsebrust
½ Bund Petersilie
1 Msp. frisch geriebener Meerrettich
Salz | Pfeffer aus der Mühle
30 g Butter
4 Scheiben dunkles Sauerteigbrot
1 Beet Gartenkresse

Für die Eier:
1 TL Essig
Salz
4 Eier

Für das Fleisch die Gänsebrust vom Fett befreien und in Würfel schneiden. Die Petersilie waschen und trocken schütteln, die Blätter abzupfen und fein hacken. Gänsebrustwürfel, Petersilie und Meerrettich in einer Schüssel mischen. Mit Salz und Pfeffer abschmecken.

Für die Eier in einem Topf reichlich Wasser zum Kochen bringen. Den Essig dazugeben, das Wasser mit Salz abschmecken. Den Herd ausschalten und mit einem Schneebesen einen Strudel im Topf erzeugen. Jeweils 1 Ei in eine Schöpfkelle aufschlagen und vorsichtig in die Mitte des Strudels geben, dabei mit einer Gabel das Eiweiß um das Eigelb wickeln. Den Herd wieder einschalten und das Ei bei schwacher Hitze 4 Minuten ziehen lassen, dann mit einem Schaumlöffel herausheben und abtropfen lassen. Auf diese Weise alle Eier nacheinander zubereiten.

Inzwischen für das Brot die Butter in der Pfanne erhitzen und die Brotscheiben darin portionsweise bei mittlerer Hitze auf beiden Seiten knusprig braten. Mit Salz und Pfeffer würzen. Kresse vom Beet schneiden, waschen und trocken schütteln.

Die Brotscheiben auf Teller legen und die Gänsebrust darauf verteilen. Jeweils 1 pochiertes Ei daraufgeben und mit der Kresse garniert servieren. Dazu passt ein Grünkohlsalat (siehe S. 96).

Tipp: Anstelle von Gänsebrust kann man auch rohen geräucherten Schinken nehmen.

LACKIERTES SCHWEINEKOTELETT MIT SESAMMÖHREN

Pro Portion ca. 750 kcal, 65 g EW, 40 g F, 28 g KH, 6 g BST

Was soll ich sagen? Ein richtig gutes und nachhaltig gezüchtetes Schwein ist nicht nur gesünder, sondern schmeckt auch besser. Und bestimmt gibt es auch in deiner Nähe einen guten Bio-Metzger oder einen Bio-Hof, von dem du dein Fleisch direkt beziehen kannst.

REICHT FÜR 4 | ZUBEREITUNG: 35 MIN.

Für das Fleisch:
4 Schweinekoteletts (à ca. 300 g) | Meersalz
1 Knoblauchzehe | 4 EL glutenfreie Sojasauce
2 EL Honig | abgeriebene Schale von 1 Bio-Zitrone
1 EL Zitronensaft
1 TL fein gewürfelter Ingwer
1 Msp. fein gehackte Chilischote
1 EL neutrales Öl
fein gehackte Korianderblätter zum Garnieren

Für die Möhren:
800 g Möhren
2–3 EL Olivenöl
Salz
100 ml Apfelsaft | 1 EL Honig
1 Msp. fein gehackte Chilischote
2 TL geröstete Sesamsamen
fein gewürfelter Ingwer (nach Belieben)
Saft von 1 Zitrone

Den Backofen auf 80 °C Umluft (100 °C Ober-/Unterhitze) vorheizen. Für das Fleisch die Koteletts mit Meersalz leicht würzen, auf dem Backofengitter im vorgeheizten Ofen auf der mittleren Schiene je nach Dicke 10–15 Minuten garen.

Inzwischen den Knoblauch schälen und fein würfeln. Mit Sojasauce, Honig, Zitronenschale und -saft, Ingwerwürfeln und Chili zu einer Marinade verrühren.

Für die Möhren die Möhren putzen, schälen und in lange Stifte schneiden. Das Olivenöl in einer Pfanne erhitzen und die Möhren darin bei mittlerer bis starker Hitze kurz anbraten. Mit Salz würzen, mit Apfelsaft ablöschen und bei schwacher Hitze weitere 3–4 Minuten garen.

Den Honig dazugeben, mit Chili, Sesam, Ingwer nach Belieben, Zitronensaft und Salz abschmecken. Alles einkochen, bis die Möhren schön glänzen.

Die Koteletts aus dem Ofen nehmen. Das neutrale Öl in einer Pfanne erhitzen und das Fleisch darin auf jeder Seite etwa 5 Minuten scharf nachbraten, dabei mit der Sojamischung mehrmals glasieren (Achtung: Die Sojasauce darf dabei nicht verbrennen, sonst schmeckt sie bitter). Das Fleisch sofort aus der Pfanne nehmen und mit der überschüssigen Marinade übergießen.

Die Koteletts mit den Sesammöhren auf Tellern anrichten und mit Koriander bestreut servieren.

Low Carb
vom Feinsten

NORDISCH BY NATURE – BIRNEN, BOHNEN UND SPECK

Pro Portion ca. 1090 kcal, 27 g EW, 101 g F, 20 g KH, 6 g BST

REICHT FÜR 4 | ZUBEREITUNG: 50 MIN.

Für den Speck:
1 kg durchwachsener Schweinebauch
1 Knoblauchzehe
½ TL Fenchelsamen
½ TL Koriandersamen
1 Msp. gemahlener Kümmel
Meersalz | 6 schwarze Pfefferkörner
½ EL neutrales Pflanzenöl
1 Zwiebel
100 ml Gemüsebrühe
1 Zweig Rosmarin

Für Birnen und Bohnen:
2 Birnen
500 g breite Bohnen | Salz
2 rote Zwiebeln
½ Knoblauchzehe
1 EL Olivenöl
1 EL gehackte Backpflaumen
1 Spritzer Rotweinessig
Honig (nach Belieben)
Pfeffer aus der Mühle
2 Stiele Estragon

Den Backofen auf 160 °C Umluft (180 °C Ober-/Unterhitze) vorheizen. Für den Speck die Schweinebauchschwarte rautenförmig einschneiden. Den Knoblauch schälen, fein würfeln und mit Fenchel, Koriander, Kümmel, ½ TL Meersalz und Pfeffer im Mörser grob zerstoßen. Das Fleisch mit der Mischung gut einreiben.

Das Öl in einem Bräter erhitzen, den Schweinebauch darin bei starker Hitze von allen Seiten kurz anbraten. Die Zwiebel schälen, in feine Würfel schneiden und um das Fleisch herum verteilen – jetzt sollte es mit der Schwarte nach oben liegen. Die Brühe angießen und den Schweinebauch im vorgeheizten Ofen auf der mittleren Schiene etwa 45 Minuten garen.

Für die Birnen und Bohnen die Birnen schälen, vierteln, entkernen und in kleine Würfel schneiden. Bohnen putzen, waschen, in kochendem Salzwasser 6–8 Minuten bissfest blanchieren. In ein Sieb abgießen, kalt abschrecken und abtropfen lassen. Zwiebeln und Knoblauch schälen und fein würfeln.

Das Olivenöl in einer Pfanne erhitzen, die Zwiebel- und Knoblauchwürfel darin bei mittlerer Hitze andünsten. Birnen, Bohnen und Backpflaumen dazugeben, alles mit Essig, Honig nach Belieben, Salz und Pfeffer abschmecken. Estragon waschen und trocken schütteln, die Blätter abzupfen, fein hacken und unterheben.

Für den Speck den Rosmarin waschen, trocken schütteln, die Nadeln abzupfen und fein hacken. Kurz vor Ende der Garzeit den Rosmarin zum Schweinebauch geben und bei Bedarf etwas Bratenfond angießen. Die Grillfunktion einschalten und den Schweinebauch kross grillen. Den Schweinebauch in Scheiben schneiden.

Zum Servieren Birnen und Bohnen auf Tellern anrichten, die Speckscheiben danebenlegen und mit etwas Bratensud beträufeln. Als Beilage passen geröstete Kartoffeln oder ein Kartoffelstampf (siehe S. 110).

LC

SPICY BEEF-TOPF

Pro Portion ca. 590 kcal, 56 g EW, 29 g F, 18 g KH, 6 g BST

Dieser Beef-Topf ist eine absolute Geschmacksbombe – die Gewürze des Orients geben dem Fleisch den besonderen Kick. Wenn das kein Soulfood für kalte Winterabende ist?

REICHT FÜR 4 | ZUBEREITUNG: 20 MIN. + 45 MIN. GARZEIT

- 1 kg Rindfleisch (aus der Schulter)
- 2 große Zwiebeln
- 2 Knoblauchzehen
- 2–3 EL Olivenöl
- ¼ l Rotwein
- 250 g Tomaten
- 350 ml Tomatensaft
- 1 TL Baharat (Gewürzmischung; siehe Rezept S. 72)
- ½ TL gemahlener Kreuzkümmel ★
- 2 Msp. gehackte Chilischote (nach Belieben)
- 1 Zweig Rosmarin
- 300 g Chilibohnen (aus der Dose)

Das Rindfleisch in etwa 2 cm große Würfel schneiden. Zwiebeln und Knoblauch schälen und in feine Würfel schneiden. Das Olivenöl in einem Topf erhitzen und das Fleisch darin bei starker Hitze von allen Seiten anbraten. Zwiebeln und Knoblauch dazugeben und bei mittlerer Hitze andünsten. Mit Rotwein ablöschen und die Flüssigkeit verkochen lassen.

Die Tomaten waschen, vierteln, entkernen und in kleine Würfel schneiden, dabei den Stielansatz entfernen. Tomatenwürfel und -saft mit Baharat, Kreuzkümmel und Chilischote zum Fleisch geben. Etwa 45 Minuten garen, bis das Fleisch fast zerfällt.

Inzwischen den Rosmarin waschen und trocken schütteln. Die Nadeln abzupfen und fein hacken. 15 Minuten vor Ende der Garzeit Rosmarin und Bohnen zum Beef-Topf dazugeben und erhitzen.

Den Spicy Beef-Topf zum Servieren auf tiefe Teller verteilen. Dazu passt eine Scheibe Röstbrot.

Tipp: Ganz cowboymäßig bereitet man den Beef-Topf über der indirekten Flamme des offenen Feuers zu – dann beträgt die Garzeit etwa 2 Stunden. Wer einen Dutch Oven besitzt, kann den Eintopf auch darin draußen 2–3 Stunden garen; das Fleisch darf ruhig zerfallen.

★ Healthy Hint ★

Am Kreuzkümmel, auch als Cumin bekannt, scheiden sich die Geister: Die einen lieben seinen Geschmack, die anderen lehnen ihn wegen seiner angeblichen „Muffigkeit" ab. Während sich über Geschmack bekanntermaßen streiten lässt, gehört Kreuzkümmel zweifellos zu den Gewürzen, die unsere Gesundheit positiv beeinflussen können: Er lindert wie der gewöhnliche Kümmel Verdauungsbeschwerden.

LC

GANZ SCHÖN FETTIG

Ölen und Fetten hängt der Ruf an, primär Dick- und Krankmacher zu sein. Wer von uns beim Wort „Fett" automatisch an knusprig braun gebratene Kalorienbomben denkt, hat damit sicher auch recht, tut der Produktgruppe allgemein aber unrecht. Denn Öle können so viel mehr und sind grundsätzlich sehr wertvolle Nahrungsmittel. Das eigentliche Problem ist, dass sie oft in einer Weise eingesetzt werden, die für unseren Körper nicht gut ist.

Die Qualität von Ölen

Öle werden unter großem Druck aus Nüssen, Ölsaaten oder sehr fetthaltigen Früchten gepresst. Ein hochwertiges Öl erkennt man daran, dass es kalt – also ohne die Zuführung von Hitze – gepresst wurde. Hitze erleichtert die Herstellung, mindert aber die Qualität des Öls, da sie wichtige Inhaltsstoffe ganz oder in Teilen zerstört. Die mehr oder minder aufwendige Herstellung begründet die sehr unterschiedlichen Preise von Ölen.

» Beim Kauf von Lein- und Rapsöl achte ich auf den Zusatz „Omega Safe" auf dem Etikett. Bei diesem besonders schonenden Herstellungsverfahren wird das Öl unter besten Bedingungen, also unter Ausschluss von Licht und Luft und bei niedrigen Temperaturen, gepresst. «

Fettsäuren und Vitamine sind die Booster

Warum braucht unser Körper überhaupt Öle und Fette? Sie enthalten essenzielle, einfach und mehrfach ungesättigte Fettsäuren, die unser Körper selbst nicht bilden kann. In Leinöl beispielsweise sind große Mengen an Omega-3-Fettsäuren enthalten, die wir auch mit fettem Fisch aufnehmen. Zudem versorgen sie uns mit den fettlöslichen Vitaminen E und K – beides jedoch von Sorte zu Sorte in sehr unterschiedlichen Anteilen. Besonders wichtig ist das Verhältnis der mehrfach ungesättigten Fettsäuren Omega-6 zu Omega-3, das im Idealfall 5:1 beträgt. Walnussöl, Weizenkeimöl, Olivenöl, Hanföl und Kokosfett kommen diesem Ideal recht nahe, hier stehen die Fettsäuren in einem guten bis sehr guten Verhältnis zueinander. Leider sind diese Öle häufig teuer; eine günstige Alternative ist Rapsöl. Besonders reich an Vitamin E ist Weizenkeimöl: Bereits 1 Esslöffel deckt unseren Tagesbedarf. Da sich Vitamin E bei zu starker Hitze verflüchtigt, sollte man Weizenkeimöl nicht oder zumindest nicht zu stark erhitzen. Den höchsten Vitamin-K-Gehalt haben Kürbiskernöl, Rapsöl und Traubenkernöl, die starke Hitze ebenfalls nicht mögen.

Das Wie ist wichtig

Öle und Fette sind wie die meisten anderen Lebensmittel empfindliche Produkte. Leider wissen das die wenigsten, sodass die Qualität der Produkte oft schon durch einen falschen Umgang leidet. Sauerstoff, Hitze und lange Lagerzeiten mindern die Qualität von Öl und lassen es schnell verderben. Aber auch bei falscher Verwendung kann das Öl „leiden". Durch zu starkes Erhitzen werden beispielsweise gesunde mehrfach ungesättigte Fettsäuren in ungesunde Transfettsäuren umgewandelt. Darum ist es so wichtig, Öle in der Küche richtig einzusetzen.

Ein Öl für jede Gelegenheit

Um aus jedem Öl die größtmögliche Power für unseren Körper herauszuholen, ist es wichtig zu unterscheiden, welches Öl wann zum Einsatz kommt. Welche Öle man unbedingt kalt verwenden sollte, war ja bereits oben zu lesen. Zum Braten bei hohen Temperaturen empfiehlt sich ein Öl mit vielen einfach gesättigten Fettsäuren und einem hohen Rauchpunkt von über 200 °C. Man kann übrigens beim Erhitzen wirklich sehen, wann ein Öl zu rauchen beginnt. Olivenöl ist für das Braten bei mittlerer Hitze bestens geeignet. Solange der Rauchpunkt nicht erreicht wird, kann mit hochwertigem kalt gepresstem Olivenöl (extra vergine) auch problemlos gebraten werden. Für das Anbraten bei starker Hitze sind Rapsöl, Avocadoöl und Kokosfett am besten geeignet.

BEEF AUF LINKS MIT KRÄUTER-SPARGEL-SALAT

Pro Portion ca. 640 kcal, 84 g EW, 29 g F, 9 g KH, 4 g BST

REICHT FÜR 4 | ZUBEREITUNG: 45 MIN.

Für das Beef:
4 Rindersteaks (à 350 g; am besten Rib Eye)
Meersalz
2 EL Olivenöl
4 Zweige Rosmarin
2 Knoblauchzehen
Pfeffer aus der Mühle

Für den Salat:
½ Knoblauchzehe | 1 kg grüner Spargel
Meersalz | 3 EL Olivenöl
2 EL glutenfreie Sojasauce
Saft von 1 Limette | 2 TL Honig
1 Msp. fein geschnittene Chilischote
200 g Cocktailtomaten
½ Bund Basilikum
4 Stiele Petersilie

Den Backofen auf 65 °C Umluft (85 °C Ober-/Unterhitze) vorheizen. Für das Beef die Steaks mit Küchenpapier trocken tupfen, mit Meersalz würzen und mit 1 EL Olivenöl bestreichen. Den Rosmarin waschen und trocken schütteln. Den Knoblauch schälen und halbieren. Das Fleisch auf ein Backofengitter legen, mit je 1 Zweig Rosmarin und ½ Knoblauchzehe belegen und im vorgeheizten Ofen auf der mittleren Schiene 20–30 Minuten je nach gewünschtem Gargrad garen, dabei eine Tropfschale unter das Fleisch stellen.

Inzwischen für den Salat den Knoblauch schälen und in feine Würfel schneiden. Den Spargel waschen und im unteren Drittel schälen, die holzigen Enden abschneiden. Mit Meersalz würzen und schräg in grobe Stücke schneiden.

1 EL Olivenöl in einer Pfanne erhitzen und die Spargelstücke darin bei mittlerer bis starker Hitze kurz anbraten. Mit Knoblauch würzen und in eine Schüssel füllen. Die Spargelstücke mit Sojasauce, Limettensaft, Honig, übrigem Olivenöl und Chili marinieren. Die Tomaten waschen, halbieren und unter den Spargelsalat mischen. Basilikum und Petersilie waschen und trocken schütteln. Die Blätter abzupfen, grob schneiden und unter den Salat mischen.

Das Fleisch aus dem Ofen nehmen, die Kräuter und den Knoblauch abnehmen. Eine gusseiserne Pfanne oder eine Edelstahlpfanne – beschichtete Modelle sind weniger gut geeignet – stark erhitzen. Das Fleisch mit dem restlichen Olivenöl bestreichen und auf jeder Seite etwa 2 Minuten kräftig anbraten.

Die Steaks auf Tellern anrichten und mit Pfeffer würzen. Den Spargelsalat dazu servieren. Dazu passt geröstetes Brot, Bratreis oder eine Süßkartoffel aus dem Ofen.

Tipps: Wer nicht so viel Fleisch essen möchte, sollte nur 2 Stücke à 350 g nehmen und diese nach dem Garen teilen. Fleisch grundsätzlich erst nach dem Braten mit Pfeffer würzen, da es sonst verbrennt.

LC

GESCHMORTE SHORT RIBS MIT SÜSSKARTOFFELSTAMPF

Pro Portion ca. 925 kcal, 67 g EW, 28 g F, 74 g KH, 14 g BST

REICHT FÜR 4 | ZUBEREITUNG: 20 MIN. + 2–3 STD. GAREN

Für das Fleisch:
1,6 kg Short Ribs vom Rind | Salz
2 Möhren | 1 Pastinake
2 Zwiebeln | 1 walnussgroßes Stück Ingwer
½ rote Chilischote
2 EL Olivenöl
4 EL Tomatenmark | ½ l Rotwein
200 g gehackte Tomaten (aus der Dose)
2 l Rinderbrühe
200 ml glutenfreie Sojasauce
2 TL Honig
Aceto balsamico

Für den Stampf:
2–3 Süßkartoffeln (ca. 1 kg)
Salz
1 Schuss Olivenöl
Saft von 1 Zitrone
1 Prise Chiliflocken

Den Backofen auf 120 °C Umluft (140 °C Ober-/Unterhitze) vorheizen. Die Short Ribs rundum salzen. Möhren, Pastinake und Zwiebeln schälen und in kleine Würfel schneiden. Den Ingwer schälen (siehe Tipp S. 104) und fein hacken. Die Chilischote längs halbieren, entkernen, waschen und in feine Würfel schneiden.

Das Olivenöl in einem Bräter erhitzen, das Fleisch darin von allen Seiten scharf anbraten und dann herausnehmen. Gemüse und Zwiebeln ins Bratenfett geben und kurz anbraten. Das Tomatenmark einrühren. Mit dem Rotwein ablöschen, die gehackten Tomaten dazugeben und die Flüssigkeit sämig einkochen lassen. Die Brühe angießen, Chili, Ingwer und Sojasauce hinzufügen. Das Fleisch in den Fond legen und im vorgeheizten Ofen auf der mittleren Schiene 2–3 Stunden garen.

Inzwischen für den Stampf die Süßkartoffeln schälen, in grobe Stücke schneiden und in Salzwasser etwa 25 Minuten weich garen. Die Süßkartoffeln abgießen, im Topf kurz ausdampfen lassen, dann grob stampfen und mit Olivenöl, Zitronensaft, Chiliflocken und Salz nach Bedarf abschmecken. Warm halten.

Das weich geschmorte Fleisch aus dem Fond heben und in Portionsstücke teilen. Den Fond durch ein feines Sieb streichen (das Gemüse aufbewahren, es kann mit serviert werden oder man kann damit den Fond noch etwas abbinden), wieder aufkochen und nach Belieben weiter einkochen lassen, dann mit etwas Honig und 1 Spritzer Aceto balsamico abschmecken.

Auf jeden Teller einen Klecks Süßkartoffelstampf streichen, die Short Ribs darauflegen und mit Sauce beträufeln.

Tipp: Short Ribs sind auch als Querrippen bekannt. Dabei handelt es sich um das Teilstück der Rinderrippen unterhalb von Hals und Hochrippe. Das Fleisch ist mäßig durchwachsen und besonders gut zum Schmoren geeignet. Es ist dann perfekt gegart, wenn es schon fast vom Knochen fällt.

ROSA GEBRATENE RINDERROULADE MIT ZITRONEN-KAPERN-TAPENADE

Pro Portion ca. 550 kcal, 36 g EW, 36 g F, 17 g KH, 6 g BST

REICHT FÜR 4 | ZUBEREITUNG: 40 MIN.

Für das Püree:
600 g Petersilienwurzeln
½ l Gemüsebrühe
1 Knoblauchzehe
Saft von ½ Zitrone
2 EL Schwarzkümmelöl
1–2 EL Honig
1 Prise geräuchertes Paprikapulver
frisch geriebene Muskatnuss

Für das Fleisch:
4 Scheiben Rinderrücken (à 160 g)
Salz | Pfeffer aus der Mühle
2 rote Zwiebeln
1 Knoblauchzehe
½ Bund Petersilie
2 Zweige Thymian
2 EL Olivenöl
1 TL gehackte Kapern | 2 EL Senf
abgeriebene Schale von ½ Bio-Zitrone

Für die Tapenade:
2 Zitronen | ½ Bund Petersilie
1 EL Kapern (in Lake)
4 EL Olivenöl
1–2 TL Apfelsüße

Für das Püree die Petersilienwurzeln putzen, schälen, in Stücke schneiden und in der Gemüsebrühe bei mittlerer Hitze etwa 15 Minuten weich garen.

Inzwischen für das Fleisch die Rinderrückenscheiben leicht plattieren und mit Salz und Pfeffer würzen. Zwiebeln und Knoblauch schälen und fein würfeln. Petersilie und Thymian waschen und trocken schütteln, die Blätter abzupfen und fein hacken. Den Backofen auf 80 °C Umluft (100 °C Ober-/Unterhitze) vorheizen. 1 EL Olivenöl in einer Pfanne erhitzen, Zwiebeln und Knoblauch darin glasig andünsten. In eine Schüssel füllen, mit Kräutern, Kapern, Senf und Zitronenschale mischen. Die Masse auf dem Fleisch verteilen und die Scheiben zu Rouladen aufrollen, die Ränder mit Zahnstochern fixieren. Die Rouladen im restlichen Olivenöl von allen Seiten anbraten. In einer flachen Auflaufform im vorgeheizten Ofen auf der mittleren Schiene 15 Minuten garen.

Für die Tapenade die Zitronen so großzügig schälen, dass auch die weiße Haut mitentfernt wird. Die Filets zwischen den einzelnen Trennhäuten herausschneiden, dabei den austretenden Saft auffangen. Die Petersilie waschen und trocken schütteln, die Blätter abzupfen und fein hacken. Die Kapern abtropfen lassen und grob hacken. In einer Schüssel mit Petersilie, Olivenöl, 1 Spritzer Zitronensaft und Apfelsüße verrühren. Die Zitronenfilets unterheben.

Für das Püree den Knoblauch schälen und in feine Würfel schneiden. Die Petersilienwurzeln aus der Brühe heben und kurz ausdampfen lassen. Die Stücke mit Knoblauch, Zitronensaft, Schwarzkümmelöl, Honig, Paprikapulver und Muskatnuss mit dem Stabmixer fein pürieren. Falls das Püree zu fest ist, etwas Kochflüssigkeit dazugeben.

Die Rouladen schräg aufschneiden, mit dem Püree auf Tellern anrichten und mit der Tapenade beträufeln.

LC

LAMMFILET MIT KICHERERBSENPÜREE UND GRANATAPFELTOPPING

Pro Portion ca. 680 kcal, 45 g EW, 37 g F, 37 g KH, 9 g BST

REICHT FÜR 4 | ZUBEREITUNG: 20 MIN. + 45 MIN. GAREN + 10 STD. EINWEICHEN

Für das Püree:
★ 200 g getrocknete Kichererbsen
100 ml Gemüsebrühe
50 ml Olivenöl
1 TL gemahlener Kreuzkümmel
Saft von 2 Zitronen
2 TL Honig
Meersalz | Pfeffer aus der Mühle

Für das Topping:
1 Granatapfel | 1 Bund Petersilie
2 EL Olivenöl
abgeriebene Schale und Saft von 1 Bio-Zitrone
1 EL Honig
Meersalz | Pfeffer aus der Mühle

Für das Fleisch:
500 g Lammfilet | Salz
2 EL Olivenöl | 1 Knoblauchzehe

Für das Püree die Kichererbsen 10 Stunden – am besten über Nacht – in reichlich Wasser einweichen. Die Kichererbsen abgießen, kalt abspülen und in ungesalzenem Wasser etwa 40 Minuten weich garen.

Inzwischen für das Topping den Blütenansatz des Granatapfels wie einen Deckel abschneiden. Entlang der Kammern, in denen sich die Kerne befinden, die Schale einschneiden. Den Granatapfel entlang des Schnitts aufbrechen und die Kerne mit einer Gabel oder den Fingern vorsichtig herauspulen. Die Petersilie waschen und trocken schütteln, die Blätter abzupfen und fein hacken. Olivenöl, Zitronenschale und -saft, Honig sowie je 1 Prise Meersalz und Pfeffer in einer Schüssel mischen. Die Petersilie und die Granatapfelkerne unterheben.

Für das Fleisch das Lammfilet mit Salz würzen. Das Olivenöl in einer Pfanne erhitzen und das Filet darin rundum je 1 Minute anbraten. Die Pfanne vom Herd nehmen, den angedrückten Knoblauch dazugeben und das Fleisch 5 Minuten ruhen lassen.

Inzwischen die Kichererbsen in ein Sieb abgießen und abtropfen lassen. Dann mit Gemüsebrühe, Olivenöl, Kreuzkümmel, Zitronensaft und Honig in einen hohen Rührbecher geben und mit dem Stabmixer oder im Standmixer zu einem feinen Püree mixen. Mit Meersalz und Pfeffer abschmecken.

Das Lammfilet aufschneiden, mit dem Püree auf Teller verteilen und das Granatapfeltopping darübergeben.

★ Healthy Hint ★

Kichererbsen sind mit ihren sekundären Pflanzenstoffen wahre Powerpakete: Ihre Flavonoide und Phenolsäuren unterstützen den Körper bei der Abwehr von freien Radikalen. Außerdem sind Kichererbsen ein hervorragender pflanzlicher Eiweißlieferant.

LC

Oriental Style

PASTRAMI VOM REH MIT ORANGEN-COUSCOUS

Pro Portion ca. 470 kcal, 29 g EW, 16 g F, 46 g KH, 6 g BST

REICHT FÜR 4 | ZUBEREITUNG: 50 MIN. + 2 STD. RUHEN

Für das Pastrami:
1 Bund Rosmarin
1 Bund Thymian
3 Knoblauchzehen
400 g Rehrücken oder -keule
Meersalz | 1 EL Piment d'Espelette
1 EL grob zerstoßene Pfefferkörner
1 EL brauner Zucker
Öl zum Anbraten

Für den Couscous:
200 ml Gemüse- oder Geflügelfond
200 ml Orangensaft
1 TL Ras-el-Hanout | Salz
200 g Couscous
3 EL gutes Olivenöl
½ Bund Petersilie | 1 rote Zwiebel
2 rote Paprikaschoten
Saft von 1 Zitrone
Pfeffer aus der Mühle

Für das Pastrami die Kräuter waschen und trocken schütteln, Rosmarinnadeln und Thymianblättchen abzupfen und fein hacken. Den Knoblauch schälen und in feine Würfel schneiden. Jeweils 1 TL Rosmarin und Knoblauch abgedeckt beiseitestellen. Das Fleisch von allen Seiten mit Meersalz kräftig würzen und gut einreiben, dann rundherum mit Kräutern und Knoblauch bedecken, in Frischhaltefolie fest einrollen und im Kühlschrank 2 Stunden ruhen lassen.

Den Backofen auf 60 °C Umluft (80 °C Ober-/Unterhitze) vorheizen. Beiseitegestellten Rosmarin und Knoblauch mit Piment d'Espelette, Pfeffer und braunem Zucker im Mörser fein zerkleinern. Die Gewürzmischung auf einem Teller verteilen. Das Fleisch von den Kräutern befreien. Das Öl in einer Pfanne erhitzen und das Fleisch darin bei starker Hitze rundum anbraten, dann in der Gewürzmischung wenden und auf dem Backofengitter im vorgeheizten Ofen auf der mittleren Schiene 10 Minuten ruhen lassen. Anschließend in Frischhaltefolie wickeln und mindestens 30 Minuten kühl stellen.

Inzwischen für den Couscous Brühe oder Fond, Orangensaft, Ras-el-Hanout und 1 TL Salz aufkochen und noch heiß über den Couscous gießen. Das Olivenöl hinzufügen, die Körner mit einer Gabel lockern und 30 Minuten ziehen lassen. Währenddessen die Petersilie waschen und trocken schütteln, die Blätter abzupfen und fein hacken. Die Zwiebel schälen und fein würfeln. Die Paprika längs halbieren, entkernen, waschen und ohne Stielansatz in kleine Würfel schneiden. Petersilie, Zwiebel, Paprikaschote und Zitronensaft unter den Couscous mischen. Mit Salz und Pfeffer abschmecken.

Das Fleisch aus der Folie wickeln und in dünne Scheiben schneiden. Mit dem Couscous auf Tellern anrichten.

Tipp: Das Ruhen in der salzigen Marinade ist dem Pökeln ähnlich und verleiht dem Fleisch einen sehr würzigen Geschmack. Das Fleisch kann man auch schon am Vortag einlegen.

HIRSCHMEDAILLONS MIT CRANBERRYS UND SELLERIE

Pro Portion ca. 300 kcal, 27 g EW, 16 g F, 7 g KH, 7 g BST

REICHT FÜR 4 | ZUBEREITUNG: 20 MIN. + 20 MIN. GAREN

Für den Sellerie:
1 Sellerieknolle
2 EL Olivenöl
Salz | Pfeffer aus der Mühle
1 Knoblauchzehe (nach Belieben)

Für das Fleisch:
4 Hirschmedaillons (à 120 g) | Salz
4 kleine Zweige Rosmarin
2 EL Olivenöl

Für die Cranberrys:
120 g frische Cranberrys ★
etwas Olivenöl | 1–2 TL Honig
Pfeffer aus der Mühle

Den Backofen auf 80 °C Umluft (100 °C Ober-/Unterhitze) vorheizen. Sellerie putzen, schälen und in dünne Scheiben schneiden. Das Olivenöl in einer Pfanne erhitzen und den Sellerie darin bei starker Hitze anbraten. Dann in eine flache Auflaufform geben, mit Salz und Pfeffer würzen. Nach Belieben den Knoblauch schälen, in feine Würfel schneiden und zum Sellerie geben. Den Sellerie im vorgeheizten Ofen auf der mittleren Schiene weitergaren.

Inzwischen für das Fleisch die Hirschmedaillons rundum salzen. Den Rosmarin waschen und trocken schütteln. Das Olivenöl in einer Pfanne erhitzen, die Medaillons darin bei starker Hitze von allen Seiten anbraten. Jedes Stück mit einem Rosmarinzweig belegen und mit dem Sellerie im Ofen 8–10 Minuten fertig garen.

Währenddessen die Cranberrys waschen und abtropfen lassen. Das Olivenöl in einer Pfanne erhitzen und die Beeren darin bei mittlerer Hitze andünsten, dabei mit dem Honig glasieren. Mit Pfeffer würzen.

Die Sellerieschieben auf Teller verteilen und die Hirschmedaillons darauf anrichten. Mit Pfeffer würzen und mit den Cranberrys garnieren.

★ Healthy Hint ★

Cranberrys sind nicht – wie man glauben könnte – mit Preiselbeeren, sondern mit Heidelbeeren verwandt. Sie kommen aus den USA und gelten aufgrund ihres außergewöhnlich hohen Gehalts an sekundären Pflanzenstoffen als das Superfood schlechthin. Vor allem den Polyphenolen und Anthocyanen verdanken die Beeren ihre Farbe und einen wichtigen Teil ihrer gesundheitlichen Wirkung. Sie schützen die Körperzellen vor schädlichen oxidativen Einflüssen und stärken die Gefäße und das Herz-Kreislauf-System.

LC

SÜNDHAFT GUT – SÜSSES FÜR DIE SEELE

Warum lechzen wir nach Süßem? Weil uns die Industrie mit all den offensichtlichen und versteckten Zuckeranteilen in ihren Produkten gefügig gemacht hat? Nicht nur! Denn den Geschmack von Süßem empfinden wir im Normalfall als „lecker". Wieso das so ist? Evolutionsbiologen haben eine einfache Erklärung. Zum einen: **Kaum ein gefährlicher Giftstoff in der Natur schmeckt süß.** Und: Süßer Geschmack ist oft verbunden mit Kohlenhydraten. Die brauchte der Mensch früher, als er alles zu Fuß erledigen und mal eben einem Tier hinterherjagen musste, natürlich mehr als heute, wo sich die „Beute" abgepackt im Supermarkt, vor dessen Tür man bequem parkt, befindet. Deshalb ist es heute so wichtig, **maßvoll an Süßes heranzugehen** und sich Gedanken darüber zu machen, woher der süße Geschmack kommen soll. Kokosblütenzucker oder Apfelsüße sind hier nur zwei Zutaten, die in richtiger Kombination **die Seele unbeschwert genießen lassen können.**

HIMBEER-BLITZEIS MIT KOKOSMILCH UND BASILIKUM

Pro Portion ca. 430 kcal, 5 g EW, 34 g F, 21 g KH, 5 g BST

REICHT FÜR 4 | ZUBEREITUNG: 15 MIN.

2 Bio-Orangen
2 Bio-Zitronen
2 Stiele Basilikum
¼ Vanilleschote
400 g Himbeeren (tiefgekühlt)
600 ml Kokosmilch ★
2 EL Agavendicksaft

Jeweils 1 Orange und Zitrone heiß waschen, gründlich trocken reiben und die Schale fein abreiben. Sämtliche Zitrusfrüchte halbieren und den Saft auspressen. Das Basilikum waschen, trocken schütteln und die Blätter abzupfen. Die Vanilleschote mit einem scharfen Messer längs einritzen und das Mark herauskratzen.

Die getrorenen Himbeeren, 200 ml Kokosmilch, die Hälfte des Orangen- und Zitronensafts, das Vanillemark, 4 Basilikumblätter und 1 EL Agavendicksaft in einem Mixer fein pürieren (siehe Tipp).

Restliche Kokosmilch, Orangen- und Zitronenschale sowie den restlichen Agavendicksaft und den übrigen Zitronen- und Orangensaft in einen hohen Rührbecher geben und mit dem Stabmixer schaumig aufmixen.

Den Schaum auf kleine Schälchen verteilen, jeweils eine Nocke Himbeer-Blitzeis dazugeben und mit Basilikumblättern garniert servieren.

Tipp: Je nach Leistungsfähigkeit des Mixers empfiehlt es sich, das Sorbet in mehreren Portionen zuzubereiten.

★ Healthy Hint ★
Kokosmilch wird aus dem weißen Kokosfruchtfleisch und Wasser durch Pürieren hergestellt. Kokosmilch hat im Vergleich zu Kuhmilch viel weniger Fett (15–22 % statt 30–35 %). Außerdem sind die Kokosmilch-Fettsäuren mittelkettige Triglyceride, die die besondere Eigenschaft haben, im Körper schneller als Energie verbrannt zu werden als andere Arten von Fettsäuren.

LC

GEEISTE ERDBEEREN MIT MANDELMILCH UND KEFIR

Pro Portion ca. 570 kcal, 18 g EW, 36 g F, 34 g KH, 8 g BST

REICHT FÜR 4 | ZUBEREITUNG: 15 MIN. + 5–10 MIN. BACKEN

Für die Erdbeeren:
400 g Erdbeeren (tiefgekühlt)
200 ml Mandelmilch
1 EL Mandelmus
3–4 TL Apfelsüße
1 Spritzer Zitronensaft

Für den Kefir:
400 g Kefir
Mark von 1 Vanilleschote
4 EL Apfelsüße
Saft von 1 Zitrone
200 g geschälte Mandeln ★
12 Blätter Sauerampfer

Die gefrorenen Erdbeeren mit Mandelmilch, Mandelmus, Apfelsüße und Zitronensaft im Standmixer mixen, bis die Masse eine cremige Konsistenz hat. In eine Plastikdose umfüllen und kurz ins Tiefkühlfach stellen.

Den Kefir mit Vanillemark, Apfelsüße und Zitronensaft ebenfalls durchmixen. Umfüllen und ebenfalls ins Tiefkühlfach stellen.

Den Backofen auf 160 °C Umluft (180 °C Ober-/Unterhitze) vorheizen. Die Mandeln hacken, auf einem mit Backpapier belegten Backblech verteilen und im vorgeheizten Ofen auf der mittleren Schiene 5–10 Minuten rösten. Herausnehmen und abkühlen lassen. Den Sauerampfer waschen und trocken tupfen.

Die geeisten Erdbeeren mit dem angefrorenen Kefir in Dessertgläser schichten, mit den Mandeln bestreuen und nach Belieben mit dem Sauerampfer garniert servieren.

Tipp: Dieses Dessert tritt den Beweis an, dass Sauerampfer mit seiner feinen Säure auch in Süßspeisen eine gute Figur macht. Übrigens: Er enthält viel Vitamin C und ist damit nicht nur superlecker, sondern auch gesund!

★ Healthy Hint ★
Mandelmilch ist die ideale Alternative zu Kuhmilch, also gut für alle, die unter Laktoseintoleranz oder Unverträglichkeiten leiden. Weitaus gesünder als Mandelmilch sind jedoch die Mandeln selbst: Der regelmäßige Verzehr von Mandeln soll den Cholesterinspiegel senken, die Knochen stärken und gut für die Nerven sein.

FRISCHKÄSETARTE MIT HEIDELBEERSALAT

Pro Portion ca. 820 kcal, 31 g EW, 37 g F, 86 g KH, 7 g BST

REICHT FÜR 4–6 | ZUBEREITUNG: 30 MIN. + 55 MIN. BACKEN

Für den Boden:
300 g Haferflocken
120 g Kokosblütenzucker
150 g Butter + etwas mehr für die Form

Für den Belag:
6 Eier
150 g Kokosblütenzucker
40 g Speisestärke
Saft von 2–3 Zitronen
750 g Speisequark
abgeriebene Schale von 1 Bio-Zitrone
Mark von 1 Vanilleschote

Für den Salat:
250 g Heidelbeeren ★
2 Stiele Zitronenmelisse
1 EL Crème de Cassis (Johannisbeerlikör)
1 TL Honig
Mark von ½ Vanilleschote

Den Backofen auf 160 °C Umluft (180 °C Ober-/Unterhitze) vorheizen. Für den Boden die Haferflocken im Standmixer oder Blitzhacker fein hacken und in einer Schüssel mit Kokosblütenzucker und Butter mischen.

Eine Tarteform (26 cm Ø) mit wenig Butter einfetten, die Haferflockenmasse darin verteilen, leicht andrücken und im vorgeheizten Ofen auf der mittleren Schiene etwa 10 Minuten backen. Den Boden aus dem Ofen nehmen und auskühlen lassen. Den Backofen nicht ausschalten.

Inzwischen für den Belag die Eier und den Kokosblütenzucker mit den Quirlen des Handrührgeräts aufschlagen. Stärke und Zitronensaft glatt rühren, dann mit Quark, Zitronenschale und Vanillemark verrühren und unter die Eiermasse heben. Die Quarkmasse auf dem ausgekühlten Boden verteilen und im vorgeheizten Ofen etwa 45 Minuten backen. Die Tarte herausnehmen und abkühlen lassen.

Inzwischen die Beeren verlesen, waschen und trocken tupfen. Die Zitronenmelisse waschen, trocken schütteln, die Blätter abzupfen und fein schneiden. Die Heidelbeeren in einer Schüssel mit Zitronenmelisse, Cassis, Honig und Vanillemark marinieren.

Die Tarte in Stücke schneiden, auf Teller verteilen und mit einigen Löffeln Heidelbeersalat servieren.

★ Healthy Hint ★

Diese kleinen Beeren haben so viel gesunde Power! Sie helfen, unsere Blutgefäße sauber zu halten, und verringern die Gefahr, dass sie verkalken. Mein Tipp: abseits der Saison einfach hin und wieder getrocknete Heidelbeeren snacken und sich auf die nächste Saison freuen!

V

SCHOKOCRACKER-TÜRMCHEN MIT BANANE UND KAKAOMOUSSE

Pro Portion ca. 670 kcal, 15 g EW, 42 g F, 54 g KH, 8 g BST

REICHT FÜR 4 | ZUBEREITUNG: 30 MIN.

Für die Cracker:
50 g Bitterschokolade
100 g Kakaobutter
★ 30 g Kakaopulver (entölt)
70 g Cashewmus
50 g Ahornsirup
frisch geriebene Muskatnuss
Salzflocken
80 g gepuffte Hirse

Für die Füllung:
200 ml entrahmte Milch (Magermilch)
50 g Kakaopulver (entölt)
30 g Ahornsirup
10 g Speisestärke
1 Eigelb
1 Banane
etwas Kokosöl

Für die Cracker die Schokolade mittelfein hacken und mit der Kakaobutter über dem heißen Wasserbad unter Rühren schmelzen. Kakaopulver, Cashewmus und Ahornsirup dazugeben. Mit je 1 Prise Muskatnuss und Salzflocken abschmecken.

Die Masse in einem Standmixer aufschlagen, bis sie eine homogene und cremige Konsistenz hat. Achtung: Sie darf nicht zu kalt werden. Die gepuffte Hirse untermischen. Die Masse auf einem mit Backpapier belegten Blech 1 cm dick verteilen und auskühlen lassen.

Für die Füllung die Milch mit Kakao, Ahornsirup und Speisestärke in einem kleinen Topf glatt rühren und unter ständigem Rühren aufkochen. Das Eigelb verquirlen, dazugeben und unter Rühren bei schwacher Hitze stocken lassen, bis die Masse cremig wird. Abkühlen lassen.

Inzwischen die Banane in Scheiben schneiden. Das Kokosöl in einer Pfanne erhitzen und die Bananenscheiben darin bei mittlerer Hitze kurz anbraten. Die ausgekühlte Kakaomasse mit den Quirlen des Handrührgeräts aufschlagen. Die Crackerplatte vorsichtig vom Backpapier lösen und in etwa 5 cm große Quadrate schneiden.

Die Schokocracker mit der Kakaomousse und der Banane auf Tellern abwechselnd zu Türmchen schichten.

★ Healthy Hint ★

Je länger und kräftiger die Kakaobutter aus den gemahlenen Kakaobohnen herausgepresst wird, umso stärker ist Kakaopulver „entölt". Und je stärker Kakaopulver entölt ist, umso schwächer wird der typische Kakaogeschmack. Beim Kauf daher darauf achten, ob das Produkt „schwach entölt" oder „stark entölt" ist.

V

Frustkiller

HÜTTENKÄSE MIT THYMIANAPRIKOSEN UND HAFERFLOCKENCRUNCH

Pro Portion ca. 190 kcal, 10 g EW, 3 g F, 28 g KH, 2 g BST

REICHT FÜR 4 | ZUBEREITUNG: 30 MIN.

Für den Crunch:
3 EL Haferflocken
2 TL Honig

Für den Hüttenkäse:
1 Vanilleschote
★ 250 g Hüttenkäse
2 EL Honig
Saft von 1 Zitrone

Für die Aprikosen:
12 Aprikosen
1 Zweig Thymian
1 EL Honig

Den Backofen auf 160 °C Umluft (180 °C Ober-/Unterhitze) vorheizen. Für den Crunch die Haferflocken mit dem Honig mischen, auf einem mit Backpapier belegten Blech verteilen und im vorgeheizten Ofen auf der mittleren Schiene 5–8 Minuten rösten.

Inzwischen für den Hüttenkäse die Vanilleschote längs aufschneiden und das Mark mit einem spitzen Messer herauskratzen. Die Schote beiseitelegen. Hüttenkäse, Vanillemark, Honig und Zitronensaft verrühren und die Mischung kühl stellen.

Die gerösteten Haferflocken aus dem Ofen nehmen und abkühlen lassen. Währenddessen die Aprikosen waschen, halbieren und entsteinen. Thymian waschen und trocken schütteln, die Blättchen abzupfen und fein hacken.

Eine beschichtete Pfanne erhitzen, die Aprikosen, den Honig und die ausgekratzte Vanilleschote (vom Hüttenkäse) darin bei mittlerer Hitze karamellisieren. Mit dem Thymian vorsichtig abschmecken (siehe Tipp).

Den Hüttenkäse auf Teller verteilen, die Aprikosen darauf anrichten und mit Haferflockencrunch bestreuen.

Tipp: Beim Dosieren des Thymians lieber etwas vorsichtiger sein, sonst wird sein Geschmack zu intensiv.

★ Healthy Hint ★

Hüttenkäse besitzt im Vergleich zu Frischkäse viel Eiweiß, aber nur wenig Fett: In 100 Gramm des körnigen Milchprodukts stecken gerade einmal 4,3 Prozent. Das macht Hüttenkäse zu einem großartigen Partner für ein kalorienarmes Dessert. Da er außerdem viel Kalzium enthält, stärkt er ganz nebenbei auch Knochen und Zähne.

V

NATÜRLICH SÜẞ!

Was die Ernährung betrifft, sollte das Leben kein Zuckerschlecken sein, was allerdings keinen völligen Verzicht bedeutet. Denn unser Körper braucht Zucker, um aus der Glucose Energie zu gewinnen. Bestimmte Zucker sind auch für den Darm gut. Wichtig ist, die verträglichsten Zuckerarten auszuwählen, denn die Natur hält viele Alternativen zu weißem Zucker bereit. Natürlich gilt auch hier: nur in Maßen genießen – denn zu viel bleibt zu viel!

Naturbelassene Süße wählen
Wie beim Genuss vieler Dinge macht auch beim Zucker die Menge das Gift. Darum gilt: wenn schon Zucker, dann bitte ein „guter". Seine Qualität hängt davon ab, wie naturbelassen das Produkt ist und aus welchen Zuckerarten es sich zusammensetzt. Je natürlicher das Produkt ist, desto höher ist die Wahrscheinlichkeit, dass zusätzlich zur Süßkraft wertvolle Begleitsubstanzen wie Vitamine, Mineralien und Ballaststoffe erhalten geblieben sind. Sie tragen dazu bei, dass unser Körper den Zucker vollständig „verstoffwechseln" kann, ohne dass er dafür kämpfen muss.

» *Fakt ist: Wir brauchen Zucker für Gehirn und Körper. Dabei reicht objektiv oft schon die Menge aus, die in den Lebensmitteln selbst steckt. Zusätzlicher Zucker ist selten wirklich nötig. Hier müssen wir das uns von der Industrie antrainierte Geschmacksempfinden wieder ändern.* «

Blutzuckerspiegel im Gleichgewicht
Zu den verträglichen bzw. „gesunden" Zuckerarten gehören jene, die den Blutzuckerspiegel nicht so stark schwanken lassen, wie es bei gewöhnlichem Zucker der Fall ist. Sein rasanter Anstieg zwingt die Bauchspeicheldrüse dazu, schnell große Mengen Insulin auszuschütten, um die hohe Zuckerkonzentration im Blut wieder auf ein normales Maß zu bringen. Das bedeutet für den Körper Stress.

Süße aus Früchten
Trockenobst wie Datteln, Aprikosen oder Feigen enthalten einen hohen Fructoseanteil. Gleichermaßen gut süßt Fruchtpüree. In der veganen Bäckerei kann zum Beispiel Apfelmus oder ein Mus aus frisch zerdrückten Bananen sogar Eier ersetzen und trägt gleichzeitig zur Süßung bei.

Süße zum Streuen
Vollrohrzucker ist eines der besten hier aufgezählten Süßungsmittel. Im schonend verarbeiteten Zuckerrohrsaft sind die natürlichen Bestandteile und Mineralien erhalten geblieben. Allerdings ist der Saccharoseanteil derselbe wie in weißem Zucker. Kokosblütenzucker, der aus der Blüte der Kokospalme gewonnen wird, ist eine der Zuckersorten, die bekannt dafür ist, dass sie den Blutzuckerspiegel nur langsam ansteigen lässt.

Flüssige Süße
Agavendicksaft, Apfelkraut, Apfelsüße oder Birnendicksaft werden zwar gerne verwendet, sind aber nur bedingt zu empfehlen. Ihr Zuckergehalt ist mit bis zu 90 Prozent extrem hoch und besteht übewiegend aus Fructose, die bei übermäßigem Genuss gesundheitsschädlich ist. Oft reicht aber schon eine sehr kleine Menge aus, um den gewünschten Geschmack zu erzielen, weil Dicksäfte und Co. vergleichsweise viel Aroma mitbringen. Empfehlenswerter sind Ahorn-, Reis- oder Dattelsirup, deren Fructoseanteil niedriger ist: Allerdings süßen sie auch nicht so stark. Zu bevorzugen ist naturbelassener Honig, der neben Fructose, Glucose, Sacchariden und anderen Mehrfachzuckern Mineralien und Enzyme enthält.

FLIEDERBEERSUPPE MIT APFEL UND VANILLEJOGHURT

Pro Portion ca. 260 kcal, 4 g EW, 9 g F, 37 g KH, 1 g BST

Die Holunder- oder Fliederbeere wirkt nicht nur bei Erkältung wahre Wunder. Hier trägt sie uns mit Apfel und Joghurt in den siebten Genusshimmel, aus dem wir gar nicht mehr heruntersteigen möchten …

REICHT FÜR 4 | ZUBEREITUNG: 20 MIN.

Für Joghurt und Apfel:
1 Vanilleschote
200 g griech. Joghurt (10 % Fett)
30 g Apfelsüße
1 Apfel
etwas Kokosöl
Minzeblätter zum Garnieren (nach Belieben)

Für die Suppe:
300 ml Holundersaft ★
300 ml Apfelsaft
50 g Apfelsüße
½ TL fein geriebener Ingwer
Saft von 1 Zitrone

Für den Joghurt die Vanilleschote längs aufschneiden und das Mark mit einem spitzen Messer herauskratzen. Die Schote beiseitelegen. Das Mark in einer Schüssel mit dem Joghurt und der Apfelsüße verrühren. Bis zum Servieren kühl stellen.

Für die Suppe Holunder- und Apfelsaft, Apfelsüße, Ingwer und Zitronensaft in einem Topf mit der ausgekratzten Vanilleschote kurz aufkochen. Dann den Topf auf Eiswürfel stellen und die Suppe kalt rühren.

Den Apfel waschen, mit dem Ausstecher entkernen und in Scheiben schneiden. Das Kokosöl in einer Pfanne erhitzen und die Apfelscheiben darin bei mittlerer Hitze kurz anbraten (siehe Tipp).

Die Suppe auf tiefe Teller verteilen, jeweils 1–2 Joghurtnocken daraufsetzen, die Apfelscheiben dazugeben und die Suppe nach Belieben mit Minze garnieren.

Tipp: Wer es noch etwas süßer mag, kann den Apfel zusätzlich mit 1–2 TL Apfelsüße marinieren.

★ Healthy Hint ★

Flieder- oder Holunderbeersaft verdankt seine tiefrote bis schwarze Farbe den sekundären Pflanzenstoffen, die in den kleinen Früchten stecken. Diese Stoffe dabei helfen, uns vor Krebs- und Herzleiden zu schützen, und bewahren unsere Körperzellen vor freien Radikalen. Zudem stärken die Beeren mit einer gehörigen Portion Vitamin C unser Immunsystem.

MELONENBOWLE MIT BASILIKUM-GRANITÉ

Pro Portion ca. 230 kcal, 2 g EW, 0,5 g F, 51 g KH, 2 g BST

Ein Desserts mit Wow-Effekt, denn Basilikum und Melone sorgen für eine kleine Geschmacksexplosion. Gemeinsam bringen sie nicht nur im Sommer die Sonne auf den Tisch, sondern machen auch gute Laune, wenn es draußen einmal nicht heiter ist.

REICHT FÜR 4 | ZUBEREITUNG: 40 MIN. + MIND. 4 STD. GEFRIEREN

Für das Granité:
1 l veganer Apfelsaft
1 Bund Basilikum
Saft von 1 Zitrone

Für die Bowle:
2 kleine Galiamelonen
abgeriebene Schale und Saft von 2 Bio-Zitronen
Mark von 1 Vanilleschote
einige Basilikumblätter zum Garnieren

Für das Granité den Apfelsaft in einem kleinen Topf bei mittlerer Hitze aufkochen und auf die Hälfte der Menge einkochen lassen. Den Topf vom Herd nehmen und den Saft abkühlen lassen.

Inzwischen das Basilikum waschen, trocken schütteln und die Blätter abzupfen. Basilikumblätter, Zitronensaft und abgekühlten Apfelsaft in einem hohen Rührbecher mit dem Stabmixer oder im Standmixer fein mixen. Die Masse in ein Plastikbehältnis füllen (siehe Tipp) und im Tiefkühlfach mindestens 4 Stunden gefrieren, dabei am besten alle 30 Minuten die Masse mit einer Gabel durchrühren, damit die Eiskristalle nicht zu groß werden.

Für die Bowle die Melonen halbieren und entkernen. Aus dem Fruchtfleisch mit einem Kugelausstecher Kugeln formen und in einer Schüssel beiseitestellen. Das restliche Fruchtfleisch mit einem Löffel aus den Hälften kratzen und in einen hohen Rührbecher geben. Die Melonenstücke mit Zitronenschale und -saft sowie dem Vanillemark mit dem Stabmixer pürieren. Die Melonenkugeln in der Schüssel mit dem Püree mischen und bis zum Servieren abgedeckt kühl stellen.

Für das Granité das Eis aus dem Tiefkühlfach nehmen, in Stücke brechen oder schneiden und im Standmixer zerstoßen. Alternativ größere Eisstücke in einen Gefrierbeutel geben und mit der flachen Seite des Fleischklopfers zerkleinern.

Die Melonenbällchen mit dem Fruchtpüree auf kleine Schälchen verteilen. Eine Nocke Granité daraufsetzen und mit Basilikum garniert servieren.

Tipp: Je flacher die Form(en) gefüllt ist (sind), desto schneller gefriert die Masse.

STACHELBEERKÜCHLEIN AUS KARTOFFELTEIG

Pro Portion ca. 230 kcal, 6 g EW, 12 g F, 34 g KH, 2 g BST

Kartoffelteig für herzhafte Gerichte kennt jeder. Doch die wenigsten wissen, wie gut die Knollen auch in süßen Teigen schmecken. Wer sie in diesem Dessert nicht vermutet, wird sie auf den ersten Bissen vielleicht auch gar nicht herausschmecken.

REICHT FÜR 6 | ZUBEREITUNG: 20 MIN. + 1 STD. RUHEN + 15–20 MIN. BACKEN

- 160 g gegarte Kartoffeln
- 20 g Dinkeltoast
- 4 Eier
- 50 g Butter + etwas mehr für die Formen
- 40 g Honig
- Mark von 1 Vanilleschote
- abgeriebene Schale von 1 Bio-Zitrone
- 1 EL Speisestärke
- ½ TL Backpulver
- 1 EL Mehl
- 50 g Kokosblütenzucker
- 1 Spritzer Zitronensaft
- 300 g Stachelbeeren ★
- 1 EL brauner Zucker

Den Backofen auf 160 °C Umluft (180 °C Ober-/Unterhitze) vorheizen. Die Kartoffeln pellen, durch die Kartoffelpresse drücken und im Kühlschrank etwa 1 Stunde ruhen lassen.

Den Dinkeltoast fein reiben. Die Eier trennen. Die Butter mit den Eigelben und dem Honig mit den Quirlen des Handrührgeräts aufschlagen. Vanille und Zitronenschale dazugeben. Die Masse mit geriebenem Dinkeltoast, Stärke, Backpulver und Mehl unter die Kartoffeln heben.

Die Eiweiße mit Kokosblütenzucker und Zitronensaft steif schlagen und unter die Kartoffelmasse heben. Die Stachelbeeren waschen, die Stiel- und Blütenansätze abzupfen.

Sechs kleine runde Backformen mit wenig Butter einfetten und mit braunem Zucker ausstreuen. Den Teig in die Formen füllen und die Stachelbeeren darauf verteilen; die Formen sollten maximal zu vier Fünfteln gefüllt sein.

Die Küchlein im vorgeheizten Ofen auf der mittleren Schiene 15–20 Minuten backen.

Die Stachelbeerküchlein aus dem Ofen nehmen und vor dem Servieren abkühlen lassen Dazu passt der Zitronenschmand von Seite 160.

★ Healthy Hint ★

Wer auf seine Figur achten möchte, für den sind Stachelbeeren das perfekte Obst. Aufgrund ihres hohen Wasseranteils sind sie mit 40 Kilokalorien pro 100 Gramm vergleichsweise kalorienarm. Sie enthalten viel Vitamin C, ihre Ballaststoffe machen satt, wirken verdauungsfördernd und cholesterinsenkend.

V

APFELSTRUDEL MIT ZITRONENSCHMAND

Pro Portion ca. 490 kcal, 6 g EW, 26 g F, 55 g KH, 6 g BST

Der Apfelstrudel, eine der beliebtesten traditionellen Süßspeisen, ist auch für mich die unangefochtene Grande Dame unter den Desserts und immer eine Sünde wert.

REICHT FÜR 4 | ZUBEREITUNG: 20 MIN. + 20–25 MIN. BACKEN

Für den Strudel:
6 Äpfel
50 g Butter
2 EL Goldrosinen (soft)
2 EL Mandelstifte
1 Msp. Zimtpulver
abgeriebene Schale und Saft von 1 Bio-Zitrone
1 EL Mandelgrieß
3 Blätter Strudelteig (aus dem Kühlregal)
Puderzucker zum Bestäuben (nach Belieben)

Für den Schmand:
200 g Schmand
1 EL Ahornsirup
Saft von ½ Zitrone
Mark von 1 Vanilleschote

Den Backofen auf 160 °C Umluft (180 °C Ober-/Unterhitze) vorheizen. Für den Strudel die Äpfel vierteln, schälen und entkernen. Die Apfelviertel in dünne Spalten schneiden. Die Butter in einem kleinen Topf bei schwacher Hitze zerlassen. Die Apfelspalten mit Rosinen, Mandelsplittern, Zimt, 1 Prise Zitronenschale und 1 Spritzer Zitronensaft mischen. Den Mandelgrieß dazugeben und die Masse kühl stellen.

1 Blatt Strudelteig auf einem Küchenhandtuch ausbreiten, dünn mit Butter bestreichen und mit einem zweiten Blatt belegen. Das Ganze noch einmal wiederholen.

Die Apfelfüllung aus dem Kühlschrank längs in einem Streifen in der Mitte auf dem Strudelteig verteilen. Den Strudel zu einer festen Rolle aufrollen. Die Rolle auf ein mit Backpapier belegtes Blech legen, dabei die Enden unter die Rolle klappen. Die Oberfläche mit der restlichen Butter einpinseln und den Strudel im vorgeheizten Ofen auf der mittleren Schiene 20–25 Minuten backen (siehe Tipp). Inzwischen den Schmand mit Ahornsirup, Zitronensaft und Vanillemark verrühren.

Den Strudel aus dem Ofen nehmen und noch warm servieren. Den Schmand dazureichen. Wer nicht ohne Puderzucker auskommt, kann zum Schluss noch eine dünne Schicht über den Strudel stäuben.

Tipp: Wer die Äpfel weicher mag, kann die Backzeit auf bis zu 45 Minuten verlängern.

V

ROCKSHOX
ROCKSHOX

engel

T

W^

Y

Z

Kaiserstraße 14 b
D-80801 München

ISBN 978-3-89883-741-5
2. Auflage 2021

Projektleitung: Kathrin Ullerich
Redaktion: Ulrike Kraus, Edelgard Prinz-Korte
Redaktionelle Mitarbeit: Christian Löwendorf
Gestaltungskonzept: ZERO Werbeagentur, München
Grafische Gestaltung und Satz:
Julia Arzberger, Catharina Burmester
Fotografie: Wolfgang Schardt
Foodstyling: Roland Geiselmann
Herstellung: Frank Jansen
Producing: Jan Russok
Druck & Bindung: optimal media GmbH, Röbel

Im Buch enthaltene Foodfotos können zur eigenen Nutzung
erworben werden unter www.stockfood.com

Die ZS Verlag GmbH ist ein Unternehmen
der Edel SE & Co. KGaA, Hamburg.
www.zsverlag.de | www.facebook.com/zsverlag

Guten-Morgen-Smoothie ★ Rote-Bete-Drink mit Ingwer ★ „You-make-me-happy"-Drink ★
Toast de luxe ★ Gemüsebeet mit Kräuterquark ★ Tatar im Toast ★ Selbst gebeizter Fisch ★
Bete mit Ziegenkäse ★ Erbsensalat to go ★ Orientalischer Linsensalat mit Tofu ★ Pastinak
chen auf Pfifferlingsalat ★ Toskanischer Brotsalat mit Burrata ★ Scharfe Suppe mit Gemüs
Gnocchi mit Mangold und Ziegenkäse ★ Geschmorte Möhren à la Currywurst ★ Paprika mit Fet
Gazpacho mit gefülltem Doradenfilet ★ Ceviche mit Apfel, Radieschen und Wasabi-Avocado ★
teig ★ In Kokosmilch pochierter Fisch ★ Gebratener Skrei mit Steckrüben-Rosenkohl-Curr
Ofen ★ Knuspergarnelen mit Blumenkohl-Couscous ★ Schollenfilet mit Speckerbsen ★ Wolf
Brathähnchen de luxe ★ Nudelschnecke mit Geflügelhackfleisch ★ Portobello-Enten-Burger
tenbrust ★ Lackiertes Schweinekotelett mit Sesammöhren ★ Nordisch by Nature – Birnen, B
★ Rosa gebratene Rinderroulade mit Zitronen-Kapern-Tapenade ★ Lammfilet mit Kichererbs
★ Himbeer-Blitzeis mit Kokosmilch ★ Geeiste Erdbeeren mit Mandelmich ★ Frischkäsetarte
Fliederbeersuppe mit Apfel ★ Melonenbowle mit Basilikum-Granité ★ Stachelbeerküchlein au
mit Ingwer ★ „You-make-me-happy"-Drink ★ Matcha kalt gerührt ★ Tariks Müsli mit Nüssen
Tatar im Toast ★ Selbst gebeizter Fisch ★ Lachs im Glas ★ Ackergemüse-Antipasti mit Portu
talischer Linsensalat mit Tofu ★ Pastinakensalat mit Rucola und Birne ★ Gebackener Ziegenca
Burrata ★ Scharfe Suppe mit Gemüsenudeln ★ Ofenspargel mit Kartoffel-Schnittlauch-Salsa
à la Currywurst ★ Paprika mit Feta-Couscous ★ Schwarzwurzeln im Pergament mit Petersilie
Radieschen und Wasabi-Avocado ★ Matjestatar mit eingelegter Roter Bete ★ Kartoffelpizza
Steckrüben-Rosenkohl-Curry ★ Curry-Fischfrikadellen mit Joghurtdip ★ Gewürzlachs mit W
let mit Speckerbsen ★ Wolfsbarsch à la Bordelaise ★ Saibling mit Brokkoli ★ Kräuter-Landh
★ Portobello-Enten-Burger mit Rotkohlsalat ★ Marinierte Entenspieße mit Avocadotatar
Nordisch by Nature – Birnen, Bohnen, Speck ★ Spicy Beef-Topf ★ Beef auf links mit Kräuter-Sp
★ Lammfilet mit Kichererbsenpüree ★ Pastrami vom Reh mit Orangen-Couscous ★ Hirsch
Mandelmich ★ Frischkäsetarte mit Heidelbeersalat ★ Schokocracker-Türmchen mit Banane
Granité ★ Stachelbeerküchlein aus Kartoffelteig ★ Apfelstrudel mit Zitronenschmand ★
kalt gerührt ★ Tariks Müsli mit Nüssen ★ Ei im Glas ★ Das beste Eierbrot der Welt ★ French
im Glas ★ Ackergemüse-Antipasti mit Portulak ★ Gemüseblätter mit Büffelmozzarella ★ Ro
lat mit Rucola und Birne ★ Gebackener Ziegencamembert mit Möhrensalat ★ Zucchini-Feta-
deln ★ Ofenspargel mit Kartoffel-Schnittlauch-Salsa ★ Dunkelbrioche-Burger mit Aubergine
Couscous ★ Schwarzwurzeln im Pergament mit Petersilien-Pesto ★ Gemüsechips in Grün u